A Gnose Ocidental

A Gnose Ocidental

DOS ANTIGOS MISTÉRIOS GREGOS ÀS CORRENTES ESOTÉRICAS CONTEMPORÂNEAS

1ª Edição | 2023

Publicações Civitas Solis

Título original:

GNOSE OCIDENTAL

2023

Impresso no Brasil

Capa e projeto gráfico: Mônica Jackson

Diagramação: Samuel Andrade

Dados Internacionais de Catalogação na Publicação (CIP)

(Câmara Brasileira do Livro, São Paulo, Brasil

Gnose Ocidental / Instituto Civitas Solis

São Paulo, SP : Civitas Solis Publicações, 2023.

A gnose ocidental : dos antigos mistérios gregos
às correntes esotéricas contemporâneas /
organização Adelmo Avancini, Claudio Moraes.
-- São Paulo : Civitas Solis, 2023.

ISBN 978-65-87963-07-5

1. Esoterismo 2. Filosofia 3. Gnosticismo 4. Hermetismo

5. Rosacrucianismo I. Avancini, Adelmo.

II. Moraes, Claudio.

21-89608 CDD-299.932

Índices para catálogo sistemático:

1. Rosacrucianismo : Conferências : Gnosticismo :

Religião 299.932

Eliete Marques da Silva - Bibliotecária - CRB-8/9380

Rua Heitor Peioto, 588 - Cambuci - São Paulo - SP - 01543-020

www.civitassolis.org.br

Sumário

I

A Gnose Ocidental: dos antigos mistérios gregos às correntes esotéricas contemporâneas

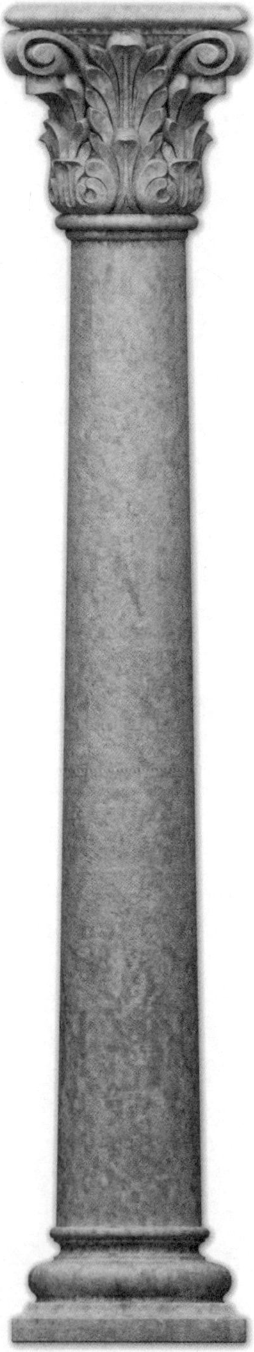

Arquitetura Grega. Coluna Coríntia.

A Gnose é, de fato, o terceiro componente da cultura europeia. Sempre houve a fé, que remonta ao Sinai e ao Gólgota. Sempre houve o racionalismo, que remonta a Atenas e Jônia. Sempre houve pessoas que tiveram experiências interiores e se expressaram em pensamento imaginativo.

Valentinus teve uma visão de uma criança recém-nascida, o Logos ou Cristo, e começou a compor seu "mito trágico". Mani encontrou seu irmão gêmeo, o Espírito Santo, e disse: "Eu o reconheci como meu Ser, do qual fui separado". Jacob Boehme viu um raio de luz em um vaso e escreveu seus livros fantásticos.

A Gnose se originou na Alexandria egípcia no início de nossa era. Três cidades, portanto, Alexandria, Jerusalém e Atenas determinaram a história do Ocidente. Nos tempos modernos, a Gnose foi gerada espontaneamente no coração do sapateiro alemão Boehme, que influenciou William Blake, Isaac Newton e os transcendentalistas da Nova Inglaterra, especialmente Emerson.

(...) Goethe havia absorvido tudo isso e, já idoso, voltou às imagens de sua juventude. Ao fazer seu herói retornar à divina Sophia do alto, ele transformou seu Fausto em um mito gnóstico. Goethe cunhou e imortalizou as palavras – todos as conhecem: "o eternamente feminino" – que resumem a experiência gnóstica, uma tradição que vai dos antigos gnósticos aos sábios modernos como Boehme, Blake e Goethe, e mais tarde a Steiner, Jung e Hesse.

A Gnose, repito, foi o terceiro componente da tradição cultural ocidental, ao lado do racionalismo da filosofia e da fé das igrejas.

Gilles Quispel

O ser humano sempre esteve à busca de algo que o levasse além de sua vida cotidiana. Inquieto, o *homo sapiens* abandonou a África e espalhou-se pelo mundo, junto de outras espécies irmãs já desaparecidas. O mundo da matéria tampouco poderia satisfazê-lo, pois ele intuía, através de seus sonhos, outros mundos, outros seres, outra vida. Era necessário contactar e dialogar com essa outra realidade, e sistemas elaborados foram concebidos como pontes entre o mundo dos sentidos e os mundos e seres imateriais.

Nos últimos milhares de anos, esse ser inquieto ergueu civilizações, no centro das quais sempre se encontravam os locais e os sistemas de contato com os regentes dos mundos imateriais, os deuses. Templos foram construídos, textos sagrados foram escritos, rituais foram idealizados, representantes dos deuses foram escolhidos. O ser humano poderia, assim, através de práticas ritualísticas, ir ao encontro da realidade desconhecida que dava sentido à vida, explicando as razões para o sofrimento e a morte, na perspectiva de uma vida para além da matéria.

Apesar disso, a inquietação de alguns os levaria a buscar algo além dos rituais exteriores, talvez além dos santuários externos, pois queriam tocar a realidade transcendente com as próprias mãos, ou com as próprias mentes – o que é o próprio sentido da palavra "Gnose". Eles penetraram do átrio ao templo, mas intuíam que, detrás dos véus do templo, havia um santuário mais interno, o santuário de iniciação nos mistérios divinos.

Gilles Quispel, historiador do cristianismo gnóstico, afirmou que, além da filosofia grega (a razão) e do cristianismo (a fé), um terceiro elemento foi central na construção da tradição cultural ocidental, a Gnose. Sua hipótese de que as raízes do pensamento gnóstico deveriam ser buscadas no judaísmo heterodoxo pré-cristão tem ganhado confirmações e adeptos nas últimas décadas. Porém, em sua compreensão, a Gnose não se restringe a uma tradição do início do cristianismo, mas constituiria toda uma corrente de pensamento suprimida e negligenciada nos últimos séculos, na qual incluiria o hermetismo, o maniqueísmo, o catarismo e mesmo a teosofia de Jacob Boehme.

No sentido de um conhecimento interior, experimental e soteriológico, o conceito de Gnose pode ser ainda mais ampliado e relacionado também às escolas iniciáticas da Antiguidade. Da mesma forma que os gnósticos, os iniciados nos mistérios também buscavam contactar diretamente a realidade dos mundos espirituais, indo além da simples crença.

Na Antiguidade, eram muitas as escolas iniciáticas ou escolas de mistérios. Apenas na Grécia antiga, podemos falar sobre os mistérios órficos, os mistérios dionisíacos, os mistérios de Elêusis e outros. Pitágoras também criaria uma escola sob a inspiração das escolas mais antigas, particularmente o orfismo.

Muitos filósofos pré-socráticos foram iniciados nos mistérios e trouxeram dali muitos dos seus *insights* fundamentais. O mesmo pode ser dito de Sócrates, Platão e Aristóteles. Platão e Pitágoras seriam inclusive associados ao Egito ou à Pérsia, vistos como fontes de onde se originara e jorrara toda a sabedoria iniciática. Os monumentos das civilizações egípcia e persa clássicas certamente são testemunhos não apenas de culturas impressionantes e duradouras, mas também da elevada espiritualidade que lhes serviu de base.

Da mesma forma, a cultura judaica deixou como legado sua sabedoria, que se tornaria um dos elementos centrais da civilização ocidental. Também ali podia ser visto o templo tríplice clássico: o átrio, o templo propriamente dito (o *Sanctum*) e o santuário mais interno (o *Sanctum Sanctorum*).

As descobertas dos últimos séculos permitem afirmar que a espiritualidade judaica era multifacetada, como testemunham os textos encontrados em Qumran. Além do mais, pelo menos parte do cristianismo gnóstico teve sua origem em linhas da tradição judaica, tradição essa que nunca deixou de se desenvolver.

No início da era cristã, o neoplatonismo também contribuiu para manter acesa a chama dos mistérios por muitos séculos, mesmo após o advento do cristianismo, chegando a influenciar pensadores cristãos como Dionísio Areopagita. Os textos atribuídos a Hermes Trismegisto, apresentando-se como renovação dos antigos mistérios egípcios, também exerceram influência central na tradição espiritual ocidental.

Porém, a partir da consolidação de uma corrente do cristianismo como religião oficial do Império Romano, correntes divergentes de pensamento místico e filosófico foram proibidas, o que incluiu a perseguição aos cristãos gnósticos e o fechamento da Academia Platônica. Apesar da perseguição, heresias cristãs como a dos paulicianos, dos bogomilos e dos cátaros exerceriam influência duradoura em certas regiões da Europa entre os séculos VII e XIV.

No século XV, durante a Renascença, parte do antigo ensinamento órfico-pitagórico, teúrgico, hermético e neoplatônico foi recuperado por pensadores como Nicolau de Cusa, Gemistos Plethon e Marsílio Ficino. Na mesma época e sob o mesmo influxo, Pico Della Mirandola procurou traduzir o ensinamento da Cabala judaica para uma compreensão cristã.

O século XVI viu a atuação enérgica de hermetistas e magos como Cornelius Agrippa, Paracelso e Giordano Bruno revolucionar a compreensão sobre o homem, passando a vê-lo como um microcosmo a espelhar um cosmo de verniz mágico e neoplatônico, dotado de vários níveis ou graus e animado por forças sutis. Bruno, em particular, viu o universo como infinito e habitado igualmente por uma infinidade de mundos.

Na segunda década do século XVII, os Manifestos Rosacruzes deram testemunho de uma mística cristã profunda, participando de uma síntese impressionante que incluía o hermetismo, a alquimia e a Cabala cristã.

Por trás das imagens fantásticas do manifesto *Fama Fraternitatis RC*, ecoou um chamado para uma "uma reforma geral do divino e do humano em toda a sua extensão", que seria possível a partir da descoberta prévia do templo rosacruz e do corpo intacto do fundador lendário da Ordem Rosacruz, C.R.C. ou Christian Rosenkreutz. Já se percebe ali uma realidade dessacralizada e a tentativa de recuperar, na viagem de C.R.C. ao Oriente, "a honra das artes degradadas e imperfeitas".

Em relação a isso, ressoam aqui as palavras de Henry Corbin sobre a necessidade da reconstrução do templo:

> *O mundo deixou de ser a cripta do templo. A destruição do templo começa com o despovoamento da cripta. Uma vez que a cripta é despovoada das presenças que a habitavam, o próprio templo pode ser atacado.*
>
> *(...) Já não há prova de exílio. Há uma recusa deliberada de se sentir no exílio, uma negação da ideia do mundo como uma cripta do templo, um prelúdio para a devastação da Imago Templi.*
>
> *(...) Não há resposta a vislumbrar a menos que, por meio de uma dupla negação que rejeita a rejeição que profana o mundo, voltemos às coisas quando a Imago Templi, em vez de se oferecer como imagem a ser destruída, se apresenta como um órgão de salvação que lhe permite sair da cripta. É necessário redescobrir o significado da cripta. Quando a Imago Templi é destruída, você nem sabe que está no fundo de uma cripta. O mundo está "desorientado", já não tem "Oriente".*

A reconstrução do templo, portanto, relaciona-se aqui com a redescoberta do mundo como cripta do templo, que é também o reconhecimento da nossa condição de exilados, uma concepção nitidamente gnóstica.

No século XVII ainda, a teosofia de Jacob Boehme e seus continuadores apontaria nessa direção da renovação espiritual e da construção do templo interior.

Os elementos rosacruzes e teosóficos muitas vezes mesclaram-se, no século seguinte, com a Franco-Maçonaria, que se estruturaria e ganharia complexidade. Através das imagens poderosas da reconstrução do templo (de Salomão), toda uma escada iniciática seria construída, com base nos três degraus originais de aprendiz, companheiro e mestre. Ao mesmo tempo em que o pensamento científico materialista se consolidava, uma resistência a esse processo, chamada por Henry Corbin de "combate pela Alma do mundo", se fazia presente, fundamentada em várias organizações maçônicas, de teósofos cristãos e de filósofos e escritores românticos como William Blake, Schelling, Novalis, entre outros.

No século XIX, esoteristas como Eliphas Levi e Helena Blavatsky procuraram recuperar alguns elementos do antigo ensinamento iniciático. Sua influência sobre o esoterismo do final de seu século e dos séculos seguintes dificilmente pode ser superestimado, chegando até autores como Rudolf Steiner, Max Heindel, Peter Deunov e J. van Rijckenborgh.

As descobertas do século XX, desde os manuscritos do Mar Morto (sítio de Qumran) até a biblioteca de Nag Hammadi, além da recuperação de vários textos maniqueus, fizeram reviver o interesse pela Gnose. Além disso, o estudo do Esoterismo saiu da marginalidade das escolas esotéricas para o meio acadêmico. Merecem ser citados, nesse sentido, três núcleos pioneiros:

a) a contribuição de historiadoras como Frances Yates para o estudo do hermetismo no Renascimento;

b) o trabalho sobre história das religiões e religião comparada de autores como Carl Jung, Mircea Eliade, Henry Corbin e Gershom Scholem, todos ligados ao Círculo de Eranos,

c) e os estudos sobre a história do esoterismo cristão na Sorbonne, com R. Amadou e F. Secret.

A partir daí, estabeleceu-se e desenvolveu-se um refinado debate metodológico e teórico, envolvendo autores de grande erudição como P. Riffard e A. Faivre, até pesquisadores mais recentes como W. Hanegraaff, J.-P. Brach, Olav Hammer, Kocku von Stuckrad, entre outros.

Nos últimos trinta anos, os estudos acadêmicos sobre Esoterismo e Gnose disseminaram-se internacionalmente através de cursos de graduação e pós-graduação, revistas, livros, antologias e publicações especializadas, grupos e centros de estudos, congressos e encontros, chegando até o Brasil.

Este livro pretende ser uma aproximação inicial a esses estudos em nosso País.

OS EDITORES

II

Iniciação e Ascese na Antiga Religiosidade Grega

Anna Padoa Casoretti

Escultura de Orfeu em frente ao Teatro Ópera e Balé.| Russia

Símbolos históricos do espírito grego na Antiguidade, os deuses do Olimpo estão longe de traduzir a essência da religiosidade helênica, ocupando um episódio colateral dentro de um profundo e complexo processo de crenças que se estende por mais de dois milênios. No âmbito de uma experiência religiosa de aproximação do homem ao divino, verifica-se uma relação de ostensivo distanciamento entre os dois reinos, pois os olímpios não queriam nenhuma intimidade com os humanos, preferindo que estes se mantivessem à distância, sem jamais ousarem uma aproximação ao alto. Tal distanciamento aumenta com o avançar de cada período grego, à medida que os deuses se humanizam e passam a mostrar faces cada vez mais próximas às paixões humanas. Não conseguem esconder a vaidade, a inveja e, sobretudo, o *phtonos*, algo como um "ressentido" ciúmes contra qualquer excesso de virtudes que eleve a existência humana acima de sua condição terrena, usurpando, assim, aquela que seria uma prerrogativa dos deuses. Tais características os induzem a uma intervenção ininterrupta nos cotidianos pessoais, como bem observado por Heródoto: a divindade está sempre "ciumenta e pronta a interferir"[1]. A depender, pois, do *panteón* consagrado por Homero, o homem prosseguiria em seu curso sem sanar sua sede por divino, uma vez que nenhuma elevação acima de sua esfera própria lhe era solicitada ou permitida. Perante a divindade, ele deveria simplesmente *ser ele mesmo*, pois a virtude

1 "*Phtoneron te kai tarakodes*". De acordo, ainda, com Heródoto, os sábios Sólon, Amasis e Artabanus reconheciam tal característica. Uma rápida lida na *Ilíada* ou na *Odisséia* confirma tais interferências: quando, por exemplo, na *Ilíada*, Páris despreza Hera e Atena, as duas, enciumadas, se voltam contra ele. Vários outros exemplos da interferência divina na vida dos homens podem ser encontrados nas duas obras.

mais estimada era o desenvolvimento das forças humanas em seu modo mais vigoroso[2].

Se, no entanto, as divindades olímpicas estavam distantes de "resgatar" a humanidade do mundo terreno, o mesmo não ocorria em todos os tempos e geografias da Hélade. Havia outro tipo de sacralidade, mais próxima de aliviar o anseio humano, que mantinha relações privilegiadas com o alto da montanha, com o mar, com as grutas. Crenças cujas origens se perdem na obscuridade, que foram se desenvolvendo e se fortalecendo ao longo dos séculos, até chegarem às margens da cidade e ocuparem um espaço paralelo aos cultos oficiais. Com o tempo, organizaram-se em forma de confrarias fechadas e hierarquizadas, comportando escalas e graus. E assim, em linha contrária à publicidade das celebrações autorizadas, o segredo adquire um significado religioso particular, definindo processos que visam modificar o adepto através do conhecimento de dimensões imateriais, seja de forma temporária, em alguns casos, seja através de paulatina transformação guiada por uma intenção definitiva, em outros.

Os tipos de cultos sigilosos florescidos em solos gregos refletem três formas de conhecimento advindas do contato com dimensões sagradas, correspondentes a três modos de relação possíveis de serem estabelecidos com a esfera divina. Partindo de um nível basilar, ligado à força vital das divindades vinculadas à terra, o adepto vivencia a existência imaterial através de seus *sentidos* físicos; em um segundo nível, concernente à ativação do órgão das afecções, nasce o *sentimento* do sagrado, através do

2 Martin P. Nilsson, o primeiro estudioso a explicar a religiosidade em termos psicológicos, sugeriu que os heróis homéricos sofrem de "instabilidade mental", estando sujeitos a rápidas e violentas mudanças de humor (*History of Greek Religion*, 1964). Outros historiadores da religião helênica desenvolveram o tema do caráter dos deuses olímpicos (e de sua hostilidade perante os homens), como André Festugière (*Personal Religion among the Greeks*, 1984); Eduard Zeller (*A History of greek Philosophy from the earliest Period to the Time of Socrates*, 1881); Francis M. Cornford (*From Religion to Philosophy*, 2009); Jean-Pierre Vernant (*Mythe et Penseé chez les Grecs*, 1966); e Maria Helena Rocha Pereira (*Estudos de História da Cultura Clássica*, 1964), entre outros.

despertar da fé que se reveste na esperança em um advir após a morte física; finalmente, em uma condição ascética de competência do corpo da razão, advém a *vontade* de viver o divino através de uma constante e definitiva transformação do ser.

1. Cultos à natureza: a presença *vital* da divindade

Entre 546 e 527 a.C. – período em que Apolo, um dos mais venerados representantes dos olímpios, já está bem estabelecido no Oráculo de Delfos –, Pisístrato, o então governante de Atenas, reconhece que o povo continua a praticar antigos cultos relacionados ao deus Dioniso e às deusas "Mães". Decide, então, instituir e tornar oficiais as "grandes dionisíacas", celebrações em homenagem ao deus, manter ativo o *Metroon,* erigido em Atenas para as venerações à deusa-mãe Meter, e ainda criar, em Elêusis, a primeira sala de iniciação, o *Telesterion*, para os mistérios em honra a Deméter. O regente devia ser um atento observador dos hábitos humanos, pois, de fato, no período que hoje conhecemos como "arcaico", grande parte do Mediterrâneo ocidental ainda festejava o Dioniso renascido – crença que sobrevivera desde o período micênico ou anterior[3] – bem como cultuava as Grandes Deusas, cujas raízes remontam a um passado precedente à instalação dos próprios gregos naquele território[4].

A narrativa sobre as Grandes Deusas – ou Mães – mostra-se um dos temas mais caros aos helenos, recorrente em vários momentos da religiosidade grega. Há indícios de adoração às

3 Até o início do século XX d.C., alguns pesquisadores acreditavam que a manifestação dos cultos a Dioniso fosse posterior àquela dos mistérios realizados em Elêusis em homenagem às duas deusas. Entretanto, depois que tabuletas dos séculos XV-XIII a.C., escritas em Linear B, foram decifradas, e descobriu-se que apresentavam o nome de Dioniso junto ao de outros deuses, passou-se a acreditar que tais crenças tenham vindo minimamente da época micênica.

4 A entrada dos indo-europeus na Hélade, por volta de 1950 a.C., determina o início do estabelecimento do chamado "homem grego" naquela região. Essa migração promove o fim do *período minoico*, que teria tido seu início em Creta, por volta de 3000 a.C., sucedendo ao *período neolítico.*

duas deusas, mãe e filha, que remontam ao período neolítico e atravessam o inteiro período minoico, ou seja, uma longa subsistência cujos rastros persistem desde os anos 4500 a.C[5]. Algumas evidências arqueológicas comprovam que tais crenças eram provenientes da religião cretense, pois a Grande Mãe já reinava soberana na Ilha de Creta pelo menos no terceiro milênio anterior à era cristã, com ritos bem assentados que ocorriam em santuários dispostos nas montanhas, à beira-mar ou em grutas sagradas. Um dos mitos que nutria tais celebrações conta que a deusa-filha fora raptada pelo Senhor dos Infernos, o que levou a deusa-mãe a empreender uma busca sem fim para trazê-la de volta à superfície. O rapto aos Infernos é uma possível alusão à semeadura, enquanto a alternância entre a vida e a morte sugere uma renovação dos ciclos naturais. Um dos sentidos do mito, que se tornou bem aceito, seria, pois, o de *perpetuação* da natureza, de caráter agrário, mas não apenas: as deusas trariam, sim, fertilidade para os campos, mas também fecundidade para os fiéis e para o seu rebanho.

Esse tema afetará os cultos que ocorrerão na cidade de Elêusis, séculos mais tarde, e que serão seguidos por uma grande parte dos atenienses[6]. A epopeia das deusas é agora narrada no homérico *Hino a Deméter*, que, em parte, ainda mantém uma expressão relacionada ao renascimento da natureza, através da saga da protagonista e de sua filha Perséfone. Porém (deve ser sublinhado), se os cultos nascem agrários, com o tempo há uma

5 Apesar da inexistência de livros sagrados desse período, a reconstituição da antiga religião é possível pelo trabalho dos arqueólogos: objetos e imagens encontrados em sepulcros e altares, concernentes ao cenário religioso neolítico, minoico e micênico, permitem descrever as formas rituais. Em relação às duas deusas, os principais vestígios mostram figuras femininas de corpos fortes.

6 Os mistérios de Elêusis existiram até 393 d.C., ano em que o imperador Teodósio proibiu todos os cultos pagãos. Quanto ao seu início, se tomarmos o texto mais antigo que lhe faz referência, o *Hino Homérico a Deméter*, ter-se-ia uma data de manifestação não anterior ao século VII a.C. Entretanto, escavações arqueológicas permitiram descobrir uma antiga planta da Sala de Iniciações, o *Telesterion* de Elêusis, que remete ao período micênico.

evolução; modificam-se e passam a oferecer uma transformação *pessoal* ao participante. A duração e a intensidade de tal transformação estão diretamente relacionadas a duas formas de manifestação dos ritos, uma de caráter popular e outra secreta. De fato, um tipo de ritual celebrado em Elêusis – aquele sobre o qual se tem uma diversidade maior de notícias e registros, embora, de toda forma, escassos – era aberto ao público e integrava festividades coletivas devidamente instituídas. Tais celebrações, chamadas "Mistérios Menores", ocorriam, inicialmente, uma vez por ano, do final de setembro ao início de outubro, quando eram proclamadas as tréguas sagradas para que os rituais pudessem ser cumpridos. Durante aqueles dias, ocorriam prolongados jejuns, procissões extenuantes entre Atenas e Elêusis, banhos de rio e mar purificatórios – todas práticas que levavam a um esgotamento do corpo físico, despertando formas sensoriais adormecidas. Ultrapassadas as provas, cumpria-se uma regeneração – seja do corpo físico, seja de corpos mais sutis –, mesmo que de breve efeito.

Os cultos ao deus Dioniso, por sua vez, em razão de apresentarem mais registros que os eleusinos (até por terem se espalhado ao longo de uma maior extensão geográfica)[7], dão-nos uma ideia mais próxima de um certo tipo de experiência vivenciada a partir dos *sentidos*. Dioniso era venerado em festas alegres e até licenciosas, que costumavam ocorrer nas altas montanhas da Grécia, sobretudo no Parnasso. O caminho para a montanha, a *Oreibasia*, era trilhado qual um percurso sagrado. Um dos tipos de prática ritualística, bastante ilustrativa, ocorria de dois em dois anos, no inverno, quando um grupo de mulheres, descalças e vestidas de forma sumária, subia às montanhas cobertas de

7 Diversamente dos cultos a Elêusis, que se mantiveram circunscritos a Elêusis e Atenas, os cultos a Dioniso se manifestaram em vários lugares, do Mar Negro ao Egito e da Ásia Menor à península itálica, com forte proeminência no sul da Itália.

neve e, ao som dos tamboris, dançava até o *phrenesis*. No auge do delírio, as bacantes apanhavam um animal selvagem, dilaceravam-no e o comiam cru. Através do arrebatamento dionisíaco adquiria-se, assim, a *vitalidade* do deus[8]. O caráter selvagem, frenético, instintivo de alguns rituais era desencadeado pelos sons reproduzidos com instrumentos de percussão, além de certos tipos de melodias de origem frígia, tocadas com tambor e flauta, que levavam os dançarinos a entrar em um transe seguido de momentâneas catarses que alteravam os batimentos cardíacos. A música desempenhava um importante papel para que o deus se manifestasse.

Embora os pequenos mistérios eleusinos e os diferentes tipos de dionisismo – entre eles, as grandes dionisíacas, as antestérias, as campestres ou as lenéias – fossem manifestações com peculiaridades e níveis de profundidade bem distintos, eram todos acontecimentos coletivos que desencadeavam experiências pessoais, contemplando uma essência relacionada ao despertar de sentidos dormentes. A partir de estímulos aos órgãos do sensível, promovia-se uma experiência de intimidade com as divindades ctônicas, ligadas à natureza. O esgotamento abatia o corpo físico, silenciando-o, permitindo que corpos inativos reavivassem e estivessem aptos para o momento catártico. Em estado de *ekstasis,* o ser passa a sentir a força vital da divindade. A *sensação* do divino opera a alienação momentânea das funções do praticante – substituídas pelo deus em ato[9]. Ao final do processo,

---

8 Bem mais adiante, algumas dessas manifestações continuariam a acontecer. Está documentado, por exemplo, que, nos tempos de Plutarco, foi necessário que se enviasse auxílio, certa vez, a um grupo de bacantes que se enterrara na neve. Esse e outros relatos podem ser lidos em Rocha Pereira, *Estudos de História da Cultura Clássica*, 1964.

9 A questão da saída de si e do "desligamento" da própria personalidade, relacionada ao êxtase, encontra unanimidade entre vários intérpretes, desde Schopenhauer, passando por Nietzsche, até alcançar seu momento áureo na reconhecida obra *Psiche,* de Erwin Rohde. Tratam, ainda, do tema Louis Gernet (*Le Génie grec dans la Réligion*) e, em tempos mais atuais, Giorgio Colli (*La Sapienza Greca*).

terá se cumprido uma função libertadora: o êxtase faz com que a individualidade seja diluída e o praticante, tornado receptor, deixe de ser ele mesmo por um breve período, passando a sentir aquilo que os não praticantes não sentem. Há, portanto, um ultrapasse da dimensão material a partir da presença do sagrado; um estágio necessário para superar a corporeidade em sua forma bruta e sentir seu aspecto sutil.

A relação com essa esfera de venerabilidade, no entanto, não será suficiente para todos. Verificam-se outras manifestações que, conquanto similares e coexistentes, ultrapassam a experiência de trazer a presença vital do deus e, fomentadas pela necessidade de uma ligação mais permanente, permitem o desabrochar no ser de um novo sentido de segurança e salvação. Um sentimento que brota no coração e que carrega a semente daquilo que mais tarde seria chamado "fé".

2. Mistérios: O *sentimento* do sagrado

O termo *Mysterion*, embora adotado pela tradição[10] para se referir, sobretudo, aos cultos eleusinos e dionisíacos em seu caráter genérico, concerne ao segredo em torno de uma revelação final que se manifesta, efetivamente, em uma forma bastante estrita e específica de iniciação, que encontra seu melhor paradigma nos rituais de Elêusis de caráter fechado. O aspecto de segredo é trazido por uma raiz anterior ao verbo grego *myó*, que sugere o som do murmúrio da boca fechada. O *mýstes*, que mais tarde será traduzido por "iniciado", é identificado, pois, como aquele que "mantém a boca fechada".[11] Sob tal ótica, os Mistérios eram

10 Isócrates é uma das referências mais antigas a utilizar o termo *Mysterion*, ainda no século V a.C.. As tradicionais fontes referentes às religiões mistéricas são Heródoto e, mais tarde, Plutarco, Estrabão e Pausânias.

11 O adjetivo "esotérico" (*esoterikós*) surgirá somente em textos a partir da era cristã, algumas vezes com menções às aulas de Aristóteles, contemplando inicialmente o significado estrito de "para poucos internos" – mantendo, assim, uma similaridade semântica com a ideia de segredo inscrita no termo *Mysterion*.

cerimônias iniciáticas nas quais prevalecia o dever de sigilo, considerado essencial para a preservação da revelação central. Sobre aquilo que era escutado, havia a obrigação de nada contar ao não iniciado, uma exigência compartilhada entre aqueles que estavam "dentro" ao pretenderem se manter diferenciados dos que estavam "fora".

A iniciação nos "Grandes Mistérios" de Elêusis era um processo por intermédio do qual os adeptos passavam por uma transformação anímica que, através de estágios sucessivos, preparava-os para viver uma experiência que culminaria em uma revelação sagrada. Os rituais preparatórios consistiam em normas externas (como a abstenção de certos alimentos e a prática de jejuns), que os capacitariam para as provas internas, a serem cumpridas em regime de reclusão, por um período de muitos meses. Quando devidamente preparados para a cerimônia revelatória, os então chamados *epoptas* eram conduzidos pelo *mystagogé* ao períbolo do *Telesterion* (cujo acesso era vedado aos não-iniciados), onde se realizaria o rito. A escuridão do local poderia significar uma forma de adentrar na escuridão pessoal, recriando a escuridão que se atravessa após a morte. Após tomar o *kikeon* – poção à base de algumas ervas e grãos especiais, que alterava bruscamente as condições vitais, a ponto de se chegar perto da morte física –, o adepto deitava-se de bruços e o hierofante tocava sua coluna com o bastão de tirso, promovendo o desligamento temporário do corpo. A alma, assim liberta, atravessava um umbral aparentemente assustador, já que podiam ser ouvidos, do lado externo, gritos de pavor. A terrível prova antecedia o êxtase que levava ao estado supremo, a *epopteia*, visão reveladora de uma dimensão imaterial e perfeitamente real, que poderia contar com a aparição de seres de sabedoria. Uma boa descrição da visão epóptica é feita por Platão:

Inteiramente perfeitas e simples e sem temor e felizes
eram as aparições, em um esplendor puro,
em que éramos iniciados e atingíamos o cume da contemplação.
(*Fedro*, 250 b-c)

O sigiloso ritual simulava o momento que sobrevém ao término da vida física, operando no iniciado, a partir de então, uma dissolução de suas aflições, pois a visão e o conhecimento de uma realidade imaterial e, eventualmente, de seres de outros reinos traziam ao epopta uma esperança no além, levando-o a perder o medo da morte. Essas práticas, acompanhadas de um ensinamento oral, um *logos* acerca do divino, conduziam a uma transformação no prosélito e na sua relação com a divindade, resultando em um novo estado de espírito decorrente do *sentimento* do sagrado. Não seria equivocado prever o amanhecer de um sentimento de fé, pois, ao ter seus temores substituídos pela visão trazida na revelação, o adepto era preenchido pela comoção da beatitude diante da certeza de salvação. A relação entre a contemplação de uma dimensão suprema de existência e o sentimento beatífico que ela provoca é descrita no Hino homérico em homenagem a Deméter:

Feliz aquele – entre os homens viventes sobre a terra –
que viu essas coisas.
Quem, ao contrário, não foi iniciado nos sacros ritos,
quem não teve essa sorte,
jamais terá destino igual, depois de morto, nas úmidas
trevas putrefatas de lá embaixo.
(*Hino a Deméter*, 476-482)

A esperança na salvação a partir de uma concepção de transcendência teria sobrevivido desde Creta. Havia cretenses que admitiam a vida da alma após a morte, pois a descoberta de adornos deixados ao lado dos túmulos atesta a ocorrência de cultos funerários realizados em função das almas após o sepultamento – comprovando, portanto, a esperança de sua continuidade após a morte do corpo. Também eram realizadas cerimônias secretas, reservadas apenas aos iniciados, que serviam para a preparação, ainda neste mundo, da vida além-túmulo. À Grande Mãe, não apenas responsável por renovações imanentes da natureza, era atribuído o dom de conceder a segurança da vida após a morte[12]. A segurança trazida pela Mãe era confirmada pela trajetória de seu menino divino, em cujo desfecho ele atravessa a morte e conhece o renascimento – afirmando, assim, uma dimensão de transcendência. Mais adiante, os Grandes Mistérios de Elêusis reafirmariam o *renascimento* do iniciado, então identificado com o menino divino, que, da mesma forma, após a morte e a passagem pelos reinos inferiores, finalmente, ressuscita[13].

E, assim, o mito se realiza no fato. Deméter é a força da terra, o corpo que luta para sobreviver à experiência de *katábasis*, trazendo o iniciado, renascido, de volta à existência. A preocupação com o momento da morte desencadeia o clamor por salvação e a consequente relação afetiva com a divindade salvífica. Era o que prometia a soteriologia selada no *Hino a Deméter*: "Quem não foi iniciado jamais terá destino igual após a morte". Na iniciação eleusina, os epoptas encontrariam respostas trazidas por um tipo de conhecimento – eles o sabiam – que não poderia ser ensinado, mas apenas vivenciado, como deixaria registrado

12 A distinção entre uma religiosidade ligada à imanência da natureza ou à transcendência salvífica, nos períodos pré-micênicos, é sutil, e gerou profundas discussões entre os estudiosos do tema. Vejam-se boas interpretações em Louis Gernet (*Le Génie grec dans la Réligion*, 1932), Pierre Lévêque (*A Religião Grega*, 1988) e Walter Otto (*Os Deuses da Grécia*, 2005).

13 Isócrates já aludira ao fato de que Deméter teria dado aos atenienses não só a agricultura, mas, também, uma esperança na eternidade.

Aristóteles[14]. Aquela era uma experiência de pura afecção, não intelectual, trazida por um íntimo sentido de unidade e comunhão: "Feliz aquele... que viu essas coisas".

Contudo, a proximidade emocional com a divindade e o sentimento desperto no cardíaco não garantiam uma salvação permanente para aqueles que acreditavam nos múltiplos ciclos de renascimentos na matéria. Para um restrito grupo de helenos, a esperança eleusina no pós-morte ultrapassava de pouca distância a barreira terrena, mostrando-se insuficiente[15]. Para preenchê-los, havia outro tipo de iniciação que almejava ir além do sentimento do sagrado, buscando, através de condutas permanentes ensejadas por esforço intelectual, a transformação *definitiva* da alma.

3. O Orfismo. A *vontade* de ascese e salvação

A partir do século VI a.C., começa a tomar forma um singular processo religioso que busca, através de um certo tipo de conduta, alcançar um fim bastante definido. Espalhando-se por toda a Grécia continental, alcança a Magna Grécia, onde atinge seu apogeu. A dimensão dessa expansão é tal que, no século IV a.C., a forma de religião que mais atrai os gregos cultos é a dos chamados mistérios órficos[16]. Entre suas confrarias, desenvolvem-se profundas ideias de libertação do elemento terreno que, evidentemente, não podem encontrar eco entre os muitos; por essa razão, e apesar da propagação do movimento, seus seguidores constituem uma minoria. E, diferentemente de outras manifes-

14 Aristóteles, *De Phil*, fr. 15 (Ross): "aqueles que passavam pelos mistérios (*teloumenoi*)" deviam "não aprender" (*mathein*), mas "sofrer" (*pathein*) uma experiência".

15 De fato, os historiadores da religiosidade grega, em caráter quase unânime, não reconhecem nos Mistérios eleusinos o curso de um regime ascético. Para um quadro mais abrangente dos elementos necessários em uma iniciação ascética (e de sua ausência nesse tipo específico de mistério), veja-se Padoa Casoretti, *O surgimento da ascética da alma na Antiguidade grega - Orfismo e Pitagorismo*, 2015.

16 A pesquisa e a constatação são de Werner Jaeger (*La Teologia de los Primeros Filósofos Griegos*, 1992).

tações da religiosidade grega, o adepto participa de uma forma diferenciada de vida, a *bíos orphikós*, que envolve *totalmente* a vida do integrante.

O Orfismo fundamentava-se em escritos de conteúdo ritualístico e teológico, fruto de revelação recebida por Orfeu – o que levou alguns sequazes a serem chamados de "teólogos" pela tradição. Havia prescrições para a depuração do corpo físico – alicerçado sobre determinadas abstinências[17] – e condutas que conduziam à purificação da alma – como a participação em rituais que incluíam preces, hinos e cerimônias de teurgia. Individualmente, praticavam a abdicação aos prazeres mundanos enquanto, em conjunto, recusavam os valores da cidade e de seu sistema religioso baseado em divindades plurais, repensando, assim, a multiplicidade do divino. Através das práticas de uma iniciação organizada em graus, buscava-se a gradativa *ascese* da alma, que tinha por finalidade uma única coisa, essencial: a *salvação*. Uma salvação que encerrava o significado de salvar-se *deste* mundo. Do ponto de vista do não-órfico, eram, portanto, considerados "renunciantes". Provavelmente, pela perspectiva órfica, renunciantes seriam os demais, ao abdicarem de seu destino original.

Embora as crenças órficas se baseassem em *Teogonias* bem estruturadas, é nas *Lâminas* órficas que se revelam, de forma suscinta e indubitável, os principais preceitos da confraria. As lâminas eram plaquetas enterradas com os mortos em suas tumbas – descobertas, sobretudo, nos séculos XIX e XX, em diversos territórios – e tinham por finalidade ser utilizadas pelas almas

17 Os sequazes abstinham-se de carne e ofereciam aos deuses somente bolos ou frutos umedecidos com mel, partindo da ideia de que é ímpio ingerir alimentos encarnados e sujar com sangue os altares reservados aos deuses (Platão, *Leis*, 782 c-d). Excluíam-se, portanto, os sacrifícios animais, o que diferenciava os órficos de outras religiões mistéricas, como, por exemplo, os cultos a Meter, nos quais o iniciante deveria ser banhado pelo sangue de um touro sacrificado.

como guia no Além[18]. Em geral, traziam curtos poemas com instruções a serem utilizadas após o desencarne, informando o caminho para o "outro lado" e os detalhes sobre o que a alma encontraria em sua passagem pelo Hades, o reino dos mortos[19].

O conjunto de textos contidos nas teogonias e lâminas permite conceber uma jornada universal do homem, desde sua origem até o seu destino final, cujo núcleo fundamental consiste nas seguintes concepções: (1) A existência humana é marcada por um *dualismo* que separa decisivamente corpo e alma; (2) A alma está destinada a habitar em corpos sucessivos através de uma série de renascimentos – a *metempsicosis* – que ocorrem em determinados períodos de tempo; (3) A razão pela qual a alma está obrigada a passar por vários nascimentos na matéria relaciona-se com o cometimento de uma transgressão[20] que requer ser expiada; (4) A expiação em função do erro cometido perpassa diversas vidas, e tem por finalidade – através das experiências apreendidas – conduzir a alma à sua *purificação*; (5) A iniciação aos mistérios órficos, com as suas práticas depurativas, acelera o processo de *catarse* e a consequente *ascese* da alma, possibilitando ao homem libertar-se mais rapidamente do ciclo de nascimentos e expiação; (6) Aquele que passa pelo processo de iniciação não somente se purifica como se prepara para outra realidade: ao término desse trânsito, a alma que discorreu pelos

18 Graças aos materiais resistentes das lâminas, algumas feitas de ouro, outras de osso, que permitiram sua conservação, as relevantes descobertas arqueológicas dos séculos XIX e XX puderam revelar novas faces daquelas crenças, mudando a forma de se entender o Orfismo.

19 O especialista em Orfismo Alberto Bernabé observa que Orfeu, como mítico visitante do Além em busca de sua esposa morta, Eurídice, seria, naturalmente, quem melhor poderia contar o destino que espera os homens no Além (*Hieros Logos - Poesia órfica sobre os deuses, a alma e o além*, 2012). De fato, Orfeu havia realizado a *Katábasis*.

20 O *Mito dos Titãs*, originado, em parte, na *Teogonia das Rapsódias*, narra tal transgressão que se refere ao assassinato e devoração de Dioniso pelos Titãs, as divindades ctônicas, ato que ocasionou consequências maculares para a espécie humana.

caminhos devidos integra-se a uma realidade superior de caráter divino, cumprindo, assim, a *salvação* definitiva.

A chave desse singular processo iniciático encontra-se no corpo racional, ligado à memória e ao conhecimento da origem humana, estando diretamente relacionada com a questão de uma *verdade revelada*. Por essa razão, o ato de "lembrar" devia ser desenvolvido para evitar que, uma vez no Além, a alma fosse apanhada na teia de uma nova encarnação. A verdade transmitida na iniciação seria solicitada no pós-morte, tornando, portanto, necessário que orientações corretas fossem gravadas nas lâminas que acompanhavam o morto. Do "outro lado", haveria uma escolha a ser feita – determinante para o devir da alma –, que não poderia ser confundida: entre duas fontes existentes, uma deveria ser evitada a todo custo, enquanto a outra, localizada à direita, deveria ser alcançada. É o que advertiam algumas lâminas, como as descobertas em Hipônio, Farsalo e Petélia:

> Na casa de Hades encontrarás uma fonte à esquerda,
> ao lado da qual se ergue um cipreste branco.
> Não te aproximes dessa fonte!
> Mais adiante encontrarás água fria vinda do lago de Mnemosýne.
> [...] E eles [os guardiões] dar-te-ão de beber da fonte sagrada.
> (Lâmina de Petélia, século IV a.C.)21

Outras lâminas indicavam o que fazer após a chegada à fonte devida e o consequente encontro com os guardiões das águas de *Mnemosýne*: "E tu lhes dirás absolutamente toda a verdade" (*Lâmina de Farsalo*). A verdade seria a *senha* para que a alma do iniciado fosse identificada, pois, quando se pede ao iniciado que diga "toda a verdade" aos guardiões – antes que lhe seja permiti-

21 O recolhimento das instruções contidas nas lâminas foi realizado por Otto Kern, na obra *Orphicorum Fragmenta*, que apresenta cada fragmento devidamente numerado.

do beber da água da fonte –, o que se pede é que a verdade revelada na iniciação seja recordada, sendo essa a marca de pertencimento a um grupo conhecedor de certas doutrinas cujo segredo está fechado para os não-iniciados[22]. Daí a existência de outro grupo de lâminas instruindo o portador a proclamar a própria qualidade de iniciado, confirmando aos guardiães a conclusão de um processo de purificação: "Eu venho puro dentre os puros, [...] e paguei o castigo por obras injustas" (*Lâmina de Turi*).

Uma das verdades mais significativas transmitidas na iniciação era a recordação de uma origem que a alma já conhecia, e que teria lhe acrescido marcas indeléveis[23]. Razão de ser repetida em várias lâminas: "Sou filho da Terra e do Céu estrelado, mas minha origem é divina" (*Lâminas* de Hipônio, Petélia, Farsalo, Eleuterna e Tessália). Trata-se de uma sentença de claro sentido salvífico: "*minha origem é divina*". O morto iniciado não só declara sua origem como toma posição primordial em relação ao eixo de polarização, que o divide entre a terra e o céu. A certeza de uma origem divina levava os órficos a se entregarem ao processo de ascese – que promove a possibilidade da alma se desvincular da constrição que a prende a constantes retornos à vida terrena. Ao final de sua vida corpórea, a alma purificada passará pelos guardiães e beberá a água que não a deixará esquecer quem é, evitando seu retorno ao ciclo de esquecimento. Ao relembrar seu propósito universal, estará consagrando, assim, definitivamente, seu estatuto divino:

22 De fato, a lembrança do segredo era recorrente, impedindo os não-iniciados de assistirem a determinados ritos: "Falarei a quem for lícito; fechai as portas, profanos" (Teogonia do *Papiro de Derveni*).

23 A concepção de que contemplar as realidades supremas deixa marcas permanentes na alma será desenvolvida por Platão no *Fedro*, no *Mênon* e na *República* (*Mito de Er)*. Em *Fedro* (248 c), lemos que "qualquer alma que, por ter pertencido ao séquito do divino, tenha vislumbrado algo do *verdadeiro*, estará livre de padecimento até o próximo giro." Conhecer a verdade acrescenta à alma, pois, *marcas indeléveis*.

Alegra-te por teres sofrido o que nunca antes sofreste.
De homem, serás um deus.
(*Lâmina de Turi*)

Conclusão

Os cultos de caráter secreto que se manifestaram nos solos helênicos antes da era cristã revelam um tipo de religiosidade na qual prevalecia algum sentido de proximidade com o divino. As formas de se buscar essa aproximação podem ser diferenciadas em três principais categorias, relacionadas a esferas distintas de experiências humanas. Em uma primeira condição ritualística, ocorre a transposição do elemento terreno em seu aspecto mais bruto. Os cultos à natureza lidam com formas de conhecimento que, a partir da presença de realidades sutis, permitem alcançar o alívio da densidade da matéria, trazendo, em muitos casos, a cura do corpo físico, do vital e, até mesmo, do psíquico. Tais rituais naturistas eram imediatos e, mesmo pressupondo uma mudança de orientação mental durante os fenômenos estáticos de posse pelo deus, não exigiam, de modo algum, uma luta contra as próprias tendências ou impulsos naturais.

O segundo tipo de manifestação visitado, que tem seu melhor paradigma nos Grandes Mistérios eleusinos, descobre um momento da religiosidade relacionado ao nascimento do sentimento de fé, a partir da constatação de imortalidade da alma. Os significativos ritos finais, precedidos pela superação das corretas provas, não apenas desvelavam a existência de uma realidade imaterial como, em última instância, poderiam garantir ao iniciado a proteção da deusa-mãe e uma futura travessia bem-aventurada para o além. A esfera de existência penetrada pelo iniciado correspondia a uma realidade sagrada, com suas leis próprias. Uma esfera que, em não se guardando o devido cuidado, poderia facilmente manter o ser aprisionado em uma dimensão enganosa de conforto e beatitude, onde a razão seria um hóspede indesejado. Ademais, não dispondo de uma concepção de transmigração da alma, não havia a preocupação com uma mudança de comportamento como preparo para o advir. Talvez, por essa razão, cumprido o ritual, o sequaz prosseguia em sua vida, sem a necessidade de abandono dos hábitos e afeições do cotidiano.

Diversa das disposições sensíveis e afetivas das demais crenças iniciáticas gregas, mostra-se a disposição órfica, estreitamente ligada ao exercício intelectual e ao conhecimento do homem, do cosmos e dos princípios que os regulam. A percepção presente de uma existência dual era a condição que propiciava a escolha consciente de uma mudança de atitude, alicerçada sobre a busca gradativa da dissolução das afeições ao elemento terreno, através dos exercícios de ascese constantemente renovados. Nesse sentido, não há ascese sem uma gradativa transformação de um antigo para um novo estado de ser. O caminho do asceta órfico não consistia na abertura de novas dimensões propiciada por estados alterados de consciência ou no sentimento de fé na imortalidade, mas em consciente e real renúncia a determinada forma de existência em detrimento de outra, seu objetivo final. Sob tal entendimento, a razão torna-se a porta para alcançar o intelecto superior, capaz de estabelecer contato com as realidades transcendentes. Assim, através da alternância entre conhecimento e transformação, a alma encerrada em sua tumba pode retornar a ser deus.

Referências Bibliográficas

BERNABÉ, A. (2012). Hieros Logos - Poesia órfica sobre os deuses, a alma e o além. Trad. Rachel Gazolla. São Paulo: Paulus.

BURKERT, W. (1987). Antigos Cultos de Mistério. São Paulo: Edusp.

COLLI, G. (2012). A Sabedoria Grega – I. (Org. Fragmentos). Trad. Renato Ambrósio. São Paulo: Paulus.

CORNFORD, F. M. (2009). From Religion to Philosophy. New York: Cosimo Classics.

FESTUGIÈRE, A. J. (1984). Personal Religion among the Greeks. Westport: Greenwood Press.

GERNET, L. (1932). Le Génie grec dans la Réligion. Paris: Albin Michel Editeur.

HOMERO. (2009). Hino homérico a Deméter. Trad. Ordep Serra. São Paulo: Odysseus.

KERN, O. (2011). Orphicorum Fragmenta. Trad. italiana Elena Verzura. In Orfici - Testimonianze e Frammenti nell'edizione di Otto Kern. Milano: Bompiani.

NILSSON, M. P. (1964). A History of Greek Religion. New York: Norton Library.

ROHDE, E. (2006). Psiche. Roma-Bari: Laterza.

ZELLER, E. (1881). A History of greek Philosophy from the earliest Period to the Time of Socrates. Trad. para o inglês Sarah Frances Alleyne. London: Longmans Green.

III

Ética Valentiniana: as possíveis conexões

Juraci Júnior da Silva

Cerâmica e manuscritos do Mar Morto

O presente ensaio não visa esgotar um tema tão extenso quanto o são as questões em torno do chamado *gnosticismo*, ainda mais em se tratando de conceitos que parecem transitar entre o próprio e aquelas religiões no entorno do mesmo, seja em sua forma mística ou ortodoxa, a saber: judaísmo e cristianismo[1]; isso porque desde a metade do primeiro século até o final do século II d.E.C., ambos estariam em constante diálogo e conflito. O que se pretende, no entanto, é enfatizar que a tradição valentiniana foi parte de uma tentativa ecumênica entre dois pólos disputantes: um deles é um movimento judaico-messiânico (I d.E.C.), entendido por muitos como cristianismo primitivo; e o segundo é o gentilismo, que nada mais é que o discipulado paulinista cada vez mais presente no século II, e que vai se tornar de fato o que conhecemos historicamente por cristianismo[2].

1 Faz-se mister pontuar que o "gnosticismo judeu", de acordo com Saban, se subdividia em duas ramificações, tendo como figuras importantes Filon e os essênios. O método alegórico de interpretação mística destes últimos parecia se distinguir dos demais grupos judeus e, em utilidade na tentativa de se converter gentios ao judaísmo, a comparação literária helênica e judaica permitia a transição semântica entre ambos os mitos, permitindo acesso intuitivo por meio do paralelismo; já o objetivo pedagógico judaico de Filon se entendia superior à *paideia* grega, a qual se tornou propedêutica; é deste modo que nos séculos seguintes o cristianismo absorvera o judaísmo por meio de uma exegese gentílica de justificação pela fé.

2 O cristianismo surgiu apenas após 150 d.C. Até então, o que existia eram formas de judaísmo-messiânico que tentavam, ao mesmo tempo, resolver o problema da identidade judaica daquele tempo. Saulo de Tarso, conhecido como Paulo, o apóstolo dos gentios, teria desenvolvido uma teologia judaica da justificação pela fé, resolvendo uma dupla questão para todos os que queriam integrar o judaísmo: ser judeu por consaguinidade ou pela conversão espiritual: a fé justificaria a ambos, contanto que a Lei fosse primeiro cumprida intersubjetivamente e refletida nos próprios atos. E Saban diz mais ainda, contrariando a João Crisóstomo (347-407): "El cristianismo occidental se apropió de tal modo de San Pablo porque era evidente que no logró apropiarse del judaismo de Jesús, que desjudaizó su mensaje y lo que nosotros estamos planteando es conducir nuestras investigaciones históricas y teológicas a redescubrir el judaismo de San Pablo, a la luz de demostrar que el cristianismo nació en el siglo II y no con el que se pretende es su "fundador". "(..) Por lo tanto, podemos afirmar que estamos analizando entonces una exégesis de interpretación que tiene como objetivo la desvirtuación de la historia. La historia religiosa del judaismo "mesiánico", que comenzó con Jesús para transformarse en historia del cristianismo, debía por lo tanto pasar por dos filtros teológicos: un proceso de desjudaización y un proceso de antijudaización sobre todos los personajes judíos que actúan en el Nuevo Testamento"." (2016, p. 63)

Para fins do entendimento proposto nas próximas páginas é preciso saber, primeiramente, que há uma iniciação bem sutil nos ditos de Jesus, sempre privilegiada pelas parábolas, as quais permitem a aquisição de chaves hermenêuticas para um novo Caminho[3]. São elas que distinguem os que devem ou não fazer parte do círculo interno de seguidores do galileu Jesus, e que os levariam a outro nível de consciência dos seus ensinos, cujo método não seria incomum aos sábios judeus daquele tempo. A partir daí, pouco sabemos do que foi feito internamente a esse mesmo círculo. Apesar disso, esses círculos judaico-messiânicos preservavam:

a) o pietismo como conduta religiosa;

b) métodos específicos e flexíveis de interpretação das Escrituras, e;

c) o caráter esotérico de transmissão de seus ensinos.

Essas características estavam também presentes na tradição valentiniana, fornecendo, entretanto, uma nova interpretação fenomenológica[4].

Como é conhecido, nos livros de Paulo há uma tendência de buscar uma leitura mais alegórica dos ensinamentos derivados dos apóstolos. Contudo, em uma fase posterior, na tensão entre cristãos latinos e judeus, a tradição valentiniana surge como uma

---

3 Curiosamente pouco se fala que, nos próprios textos canônicos, os "cristãos" que na verdade são judeus messiânicos - se consideravam em verdade judeus do Caminho, como apontando a outros judeus para um trajeto espiritualmente superior ao que os demais judeus percorriam.

4 Mario Sabán nos traz uma lista histórica e cronológica dos principais *merkubalim* (cabalistas), na qual a Galiléia teria sido um terreno muito fértil para o início do desenvolvimento da mística judaica. Para o período de que estamos nos ocupando (séculos I a.E.C. e III d.E.C.), encontravam-se os seguintes: os essênios de Qumran – I (Deserto da Judéia), Filon de Alexandria (-25 a 50), Alexandria; Yojanán Ben Zakkay (30-90), Judéia; Akiva Ben Yosef (50-135), Judéia; Simeón Bar Iojai (70-140), autor, segundo a tradição, do Zohar, Galiléia; Nehunía Ben Ha-Kana (século II), autor do Anna Becoaj e, segundo a tradição, autor do Sefer Ha Bahir, Galiléia. Além destes ainda temos três outros personagens importantes para a história da religião da cristandade: o rabino Hillel, Yeshua (ou, Jesus, o Galileu) e Saulo (denominado Paulo); estes estão aparentemente interligados por influências de um em relação ao outro.

primeira tentativa pacificadora de conciliar a ortopraxia judaica fundamentada na Lei e a flexibilização desta mesma Lei, sob o método alegórico, cuja *Epístola a Flora*, uma carta (170 d.E.C.) escrita pelo destacado gnóstico da escola itálica valentiniana, Ptolomeu, nos parece evocar essa esfera democrática sob a qual viviam os próprios valentinianos; ou seja, o alegorismo valentiniano parece ser a herança paulinista-judaica para não somente chegar ao conhecimento dos mistérios crísticos, mas traria um aspecto contíguo da ética judaico-messiânica.

A representação simbólica sincrônica encontrada nas doutrinas valentinianas e figurada na cidade de Dura-Europos auxilia-nos a perceber uma outra proximidade: o mito do *Homem Primordial* valentiniano se torna aparentemente uma reinterpretação do *Adam Kadmom* paulino, que já fora reinterpretado pelo próprio Paulo em sua particular visão do Cristo. O ambiente nazareno que rejeitava a consubstancialidade do Cristo recai sobre a cosmovisão valentiniana criticada pela ortodoxia, que se colocara pacificamente entre dois ambientes antagônicos, pois na tradição valentiniana é a incorporação própria do Cristo no sujeito que manifesta a verdadeira figura do Divino Uno-Deus--Pai em um ambiente cada vez mais institucionalizado e, portanto, distanciado da figura "*kenomática*"[5] do Cristo.

Para o cabalista Mario Javier Saban, Antonio Piñero e Francisco Garcia Bazan, o *gnosticismo* é essencialmente de origem judaica, o que nos leva a não ignorarmos o que o primeiro dos três estudiosos mencionados nos escreveu em *Causas y consecuencias de la ruptura entre el judaísmo y el cristianismo en el siglo II*:

5 A doutrina kenomática ensinou que Cristo, na encarnação, se desfez de sua divindade e esvaziou-se de sua deidade parcialmente, na verdade de seus atributos e poder.

> O cabalismo (o gnosticismo judaico) uniu o conceito da Merkabah do judaísmo farisaico com o conceito do Logos do judaísmo helenístico, e declarou que o chefe da Merkabah ou a encarnação sutil do Logos foi produzida no Anjo Metatron, considerado pelo judaísmo um ser semidivino. E embora, como Idel já mostrou em suas obras, Metatron seja mais uma função do que uma identidade, o cristianismo lhe dá uma identidade concreta. Essa é a diferença essencial entre o judaísmo e o cristianismo. O judaísmo diz que o Messias ainda está esperando que o homem se retifique através de seu esforço pessoal (Teshuva), e o cristianismo diz que Jesus já é o Messias porque através de seus ensinamentos milhões de gentios já começaram a viver dentro do Reino[6]. (2016, p. 121)

O problema da consubstancialidade (a concepção de que, na Trindade Divina, o Filho é da mesma substância do Pai), que muitos consideram ter principado no Concílio de Nicéia, já estava, portanto, sendo tratado muito antes e parecia se fazer presente entre os místicos judeus. Dentro do contexto místico judaico, esse anjo Metatron era entendido do mesmo modo por Jesus que, segundo Antonio Piñero e Saban consideram, não se entendia como o próprio *Filho do Homem*, mas um messias convicto de sua função estritamente terrena. No entanto, foi em círculos de cristãos latinos de influência helênica, principiado inconscientemente por Paulo[7], que teria sido mais facilmente aceitar a ideia de um Cristo manifesto em carne através da pes-

6 El cabalismo (el gnosticismo judío) unió el concepto de la Merkabá del judaísmo fariseo con el concepto del Logos del judaísmo helenístico, y declaró que el jefe de la Merkabá o la encarnación sutil del Logos se producía en el Ángel Metatron, ese ser fue considerado por el judaísmo como un ser semidivino. Y si bien, como ya ha demostrado Idel en sus obras, Metatrón es más una función que una identidad, el cristianismo le otorga una identidad concreta. Esta es la diferencia esencial entre el judaísmo y el cristianismo. El judaísmo dice que el Mesías sigue esperando que el hombre se rectifique a través de su esfuerzo personal (Teshuvá), y el cristianismo dice que Jesús ya es el Mesías porque a través de sus enseñanzas millones de gentiles ya comenzaron a vivir dentro del Reino.

7 Vale apontar aqui que Paulo não queria fundar uma religião nova, senão tratar do problema da identidade judaica.

soa de Jesus, com estatuto qualitativamente superior ao de uma consciência de deificação.

Mesmo entre os círculos *jerusalemitas*[8] tal concepção não seria problemática e nem sequer relevante nos moldes tratados pelos cristãos latinos em séculos posteriores; pelo contrário, a ideia era a de um Jesus adotado como Filho de Deus. Sabermos desse contexto, ainda que brevemente, é importante para entendermos a relevância do alegorismo gnóstico em seu mito do *Homem Primordial*, ante a literalidade da hermenêutica cristã latina, bem como para apreendermos parte do que o querem os valentinianos em suas concepções na própria *Epístola a Flora*.

A meu ver, a queda do Segundo Templo, cuja ineficácia dos sacrifícios foi criticada por Paulo, marca de forma importante não apenas o modo como o judaísmo se moldou depois dessa tragédia aos judeus, vindo estes inclusive a alterar a dinâmica da relação ritualística com o Divino - uma vez que os sacrifícios já não fariam parte da prática religiosa judaica - e, principalmente, aos do círculo de Jesus, que tiveram de lidar com a ausência teofânica tanto do *Filho do Homem* quanto do próprio Divino em manifestação de seu juízo final. Nessa ausência, é justamente a questão da ressurreição em correlação com a imortalidade da alma que se constituirá o auge dos ensinamentos alegóricos de Paulo, servindo também de discussões entre valentinianos e os cristãos Irineu, Tertuliano e Orígenes.

A história da cristandade nos reservou que essa máxima é o fundamento da Igreja desde então. Em seu artigo *The Mystery of the Resurrection: A Gnostic Reading of 1 Corinthians 15*, Elaine Pagels sai em defesa dos valentinianos, informando-nos entenderem eles que os cristãos não haviam compreendido a tradição

8 Aqui me refiro aos círculos judaico-messianitas próximos a Jesus, entre os quais encontrava-se o irmão de Jesus, Tiago, o principal líder e bispo dos nazarenos, a quem Pedro muito respeitava.

paulina adequadamente, dado o método literal com respeito à ressurreição e imortalidade da alma, como no caso da passagem de 1 Coríntios 15. Ela nos escreveu o seguinte:

> Os valentinianos, como outros cristãos, reconhecem que Paulo revela em 1 Coríntios 15 o clímax de seu ensino ao longo da epístola - o "mistério" da "ressurreição dos mortos". No entanto, esses exegetas afirmam que a maioria dos cristãos comete o erro de ler esta passagem - e, de fato, todas as "escrituras" - apenas literalmente. Os valentinianos negam enfaticamente o que chamam de interpretação "literal" dessa passagem, sobretudo a afirmação de cristãos eclesiásticos como Tertuliano, Irineu e Orígenes de que, de acordo com I Coríntios 15, seremos ressuscitados "nesta carne" "*(in hac carne*). Como diz Orígenes, "os hereges negam a ressurreição como a igreja acredita nela"; eles consideram a crença na ressurreição real como a "fé dos tolos". Em vez disso, eles insistem que essa passagem deve ser interpretada - como eles interpretam toda "escritura" - simbolicamente. De acordo com a exegese valentiniana, na primeira seção de I Coríntios 15 (vs. 1-11), Paulo pretende distinguir a pregação psíquica que ele compartilha com os outros apóstolos de seu próprio ensino pneumático. Na segunda seção (15:11- 57) ele revela a interpretação pneumática, ou seja, "espiritual" ou simbólica do "mistério da ressurreição". Paulo primeiro lembra sua audiência em 15:1 do "evangelho que eu preguei, que vocês receberam, no qual vocês estão firmes, pelo qual vocês são salvos". Ele lhes diz que "a princípio" ele transmitiu o que também havia "recebido" da tradição dos apóstolos, ou seja, o *kerygma*, a saber, que "Cristo morreu por nossos pecados, segundo as Escrituras, que foi sepultado e que ressuscitou no terceiro dia", e depois apareceu a Pedro, aos doze e a "muitos outros", incluindo Tiago e "todos os apóstolos" (15:5-7). (1974, pág. 278)

No entanto, um apontamento que senti falta no artigo de Elaine Pagels é de um detalhe, a meu ver, de crucial importância: a tradição sobre a ressurreição ao terceiro dia é, nas letras de Paulo, entendida "segundo as Escrituras". O vocativo "segundo as Escrituras", de acordo com a tradição rabínica daquele tempo, evoca ao menos duas tendências teológicas, em que, dado ao simbolismo do *terceiro dia* encontrado ao longo das próprias Escrituras hebraicas e feita, portanto, pelo método rabínico de interpretação, não parece mostrar conotação clara com o entendimento de uma ressurreição física como até hoje a Igreja nos impôs, senão com o recebimento de alguma dádiva divina ainda em vida. Na tradução feita por Paula Silvia de um artigo de Michel Remaud, descobrimos que, no que tange as tendências teológicas aludidas acima, "*Para a primeira, o acento é colocado no dom imerecido feito a Israel em consideração à fé dos patriarcas e à sua disponibilidade para com Deus; a segunda é talvez mais atenta à necessidade de pôr em prática a Torá. Mas tanto uma como a outra concordam naquilo que, para as várias tendências, parece ser uma evidência que sobressai do conjunto das Escrituras: "no terceiro dia nos reerguerá e viveremos em sua presença"* (Silva, 2007, pág. 155). Neste sentido, os valentinianos se aproximam das origens nazarenas mais que os heresiólogos, pois o ritualismo fariseu judaico seria o judaísmo cerimonial ou exterior e o verdadeiro judaísmo de Paulo era essencialmente essênio, que privilegiava a Torá espiritual (o *nomos* divino interior), cujo essencialismo observa-se preservado na exegese valentiniana das Escrituras a partir de figuras de linguagem, etimológicas e gramaticais.

Saban demonstra entender que o método encontrado na exegese paulina visava conciliar judeus e gentios, sob forte zelo de conduzir o pretendente à conversão a uma ética pietista, na qual o sujeito iniciado procure se desvencilhar das amarras de um jugo epistemológico para a união pística[9] com o Cristo (o *Adão Kadmon*). Portanto, sua preocupação é em grande medida com o caráter prático e social dos pneumáticos de suas comunidades. Esta é a mesma preocupação encontrada na tradição valentiniana e em Dura-Europos, mais adiante. Penso que o que mais pode aproximar as doutrinas valentinianas dos pensamentos destes homens seja a ortopraxia judaica figurada na ética valentiniana, evocada e incorporada pela representação simbólica sincrônica na hermenêutica da criação - eis a práxis gnóstica. A título de exemplo, o *Tratado Tripartido* é, para o iniciado, não apenas um instrumento de conhecimento teórico-epistemológico da teogonia, soteriologia e do imaginário de Valentim, mas a oportunidade de incorporação própria do *Homem Primordial*, e isso ainda em vida. A hermenêutica valentiniana era, como típica da exegese gnóstica, de viés alegórico, dado não apenas à sua influência da escola judaico-alexandrina, mas pelo simples fato de que estamos falando de uma tradição que prezava pela importância dos ensinamentos esotéricos alegados da herança paulina. Some-se a isso que, independentemente de se aceitar ou não que tal vínculo teria realmente acontecido, a queda do Segundo Templo, as profecias não cumpridas de Jesus e de Paulo sobre a vinda do *Filho do Homem* com os seus anjos - portanto, sem ocorrência de juízo divino -, decerto os valentinianos estavam olhando para além da ignorância de uma má leitura das epístolas paulinas e dos evangelhos, bem como dos fenômenos apocalípticos de influência essênica. Nesse sentido, a ética valentiniana visava não apenas dirimir as relações humanas com o Divino e o problema do mal no mundo, mas se preocupava com a vivência espaço-temporal, cujos conflitos ético-religiosos

9 Por união pística me refiro à salvação dada única e exclusivamente pela fé (fé, do grego *pistis*).

estavam ganhando espaço cada vez mais latino-cristianizante e como isso influenciaria no retorno do pneumático ao *locus* exato da criação humana: o *limite* entre o temporal e o eterno. Em outras palavras, o viver de forma piedosa, tal como encontrado nas pregações de Jesus e de Paulo, perpetua-se fortemente nas intenções do caráter prático dos círculos valentinianos - e o afastamento de Valentim da institucionalização do Divino executada pela crescente ortodoxia latina e de sua influência no pensamento de Ptolomeu (136-180) através de sua *Epístola a Flora*, me parece denotar isso.

É possível, em relação ao que apontávamos sobre o mito do *Homem Primordial* e do mito do Cristo (Adão Kadmon) tomarmos a ideia de que as especulações em torno do mito da criação, seja sob o uso do *Timeu*, aliado ao *Gênesis*[10], por já estarem presentes em círculos judaicos e não judaicos desde os séculos I-II a.C., terem recaído em especulações sobre o mesmo tipo de mito presente de maneira significativa no pensamento gnóstico dos séculos seguintes, em que Valentim parece substituir o mito do *Filho do Homem* ao que passou a conceber como mito do *Homem Primordial*[11]. De um ser divino pronto para o juízo final, temos uma espécie de corpo divino (modificado em natureza pneumática), que perfaz o próprio Caminho, julgando cada ini-

10 O caráter ascético da tradição enoquita influirá no método iniciático de todo aquele que buscava conhecer os mistérios da criação (Maase Bereshit), de si mesmo, retificando o próprio espírito (Tikun) e voltando ao Divino (a construção do corpo divino pela obra da carruagem).

11 As concepções em torno das ideias de *Filho do Homem*, do *Mito do Moisés Divino* e do *Homem Primordial* também podem ser mais bem compreendidas quando se compara literaturas de contexto judaico--apocalípticos, das quais os sábios dos primeiros séculos procuravam conciliar conceitos parecidos. Como Fernando Bermejo informa que *La idea de una raza especial con Set como ancestro — que sería asumida por los valentinianos — tiene precedentes en la especulación judía sobre el personaje. Un ejemplo lo hallamos, en la literatura apocalíptica, en las visiones de Enoc en 1 Enoc (caps. 85-90).* (2011, p. 249); ver também: ZURAWSKI, J. M. (2017) *Mosaic Paideia: The Law of Moses within Philo of Alexandria's Model of Jewish Education.* Journal for the Study of Judaism. BRILL; MACHADO, J. (2005) *O mito de Moisés divino entronizado nos céus: leituras míticas da figura de Moisés na Literatura judaica e sua recepção nas origens do cristianismo.* [Oracula, São Bernardo do Campo, v. 1, n. 2]; NAJMAN, H. (2010) *Text and Figure in Ancient Jewish Paideia. BRILL, Laiden Boston. In: Authoritative Scriptures in* Ancient Judaism Journal for the Study of Judaism.

ciado a si mesmo, sob aprovação divina, uma vez que este fora, conforme a exegese valentiniana no *Tratado Tripartido*, assim providenciado na administração demiúrgica da criação; o trono divino já se faz presente no gnóstico desde sempre, basta unir-se ao seu *anjo da guarda* (que sempre esteve junto ao Kenoma, o mundo inferior, material, o vazio, e ao próprio Uno-Deus-Pai). Valentim parece ter composto seus mitos com base em interpretações extraídas dos textos de Platão, de textos hebraicos, entre outros, sob um estilo livre e inovador, tentando manter um profundo zelo ao seu sentimento cristocêntrico, o qual é perceptível em suas meditações concentradas em exposições sobre a salvação e a queda espiritual de sentido cósmico, que explica o atual estado espiritual da humanidade, diferenciando-se de Filon e de Clemente de Alexandria na medida em que a sua hermenêutica projeta-se a partir do que seria a sua própria experiência com o Uno-Deus-Pai[12]. Portanto, para Valentim não se tratava apenas de fazer um recorte exegético de determinado texto (sagrado ou filosófico) e interpretá-lo ao estilo latino; é neste sentido, quando especula a respeito do *Logos*, que suas alegorias suportam uma distinta autoridade. (DAWSON, 1992, P. 127-128). Sem negar a fé como instrumento salvífico, portanto, redentor, Valentim radicará seu sistema sob a ideia de que só a *gnose* salva, aceitando o "cânon" ecumênico com ressalvas aos textos do Antigo Testamento, como está perceptível em *Epístola a Flora*, escrita por Ptolomeu, em que percebemos um esclarecimento a Flora com respeito à lei mosaica, pois o autor visa distinguir

12 O mito do *Homem Primordial* poderia ter sido o princípio de seu caminho à exegese gnóstica das Escrituras, porém, o que seria incerto é se o seu contato com o gnosticismo se dera verdadeiramente com Basílides por volta de 120 d.C., em Alexandria, ou com filósofos gnósticos em Roma, dentro da própria Igreja; outra hipótese seria a de que a sua influência gnóstica ocorrera através de um possível contato com o hermetismo, em voga naquele tempo, nas proximidades egípcias, bem como com o *Evangelho de Tomé* literatura de caráter mesopotâmico, também conhecida em Roma, cuja corrente seria um contraponto importante à cosmovisão gnóstica valentiniana daquele tempo, e que estava em circulação , ou até mesmo da literatura joanina neotestamentária.

entre o deus criador (Demiurgo) e o Deus-Pai (incognoscível), os quais teriam participado com Moisés, os anciãos e o povo, no desenvolvimento do aspecto jurídico do Pentateuco, concluindo que as leis contidas nesse conjunto teriam um aspecto tripartido, além de imperfeito. Para Torrents[13], o valentinismo aceitara o "cânon" com ressalvas relativas aos textos do Antigo Testamento. E, como podemos perceber, a *Epístola a Flora* tece, sem aparente rompimento, uma elucidação construtiva à disputa exegética da Lei mosaica, pois o que o autor visava era também enfatizar que a doutrina valentiniana estaria dispondo-se como opção verdadeira entre os disputantes, concluindo que as Leis mosaicas tiveram uma tríplice divisão: uma parte principal fora inspirada por Deus; uma segunda, teria sido produzida por Moisés, tendo em vista a forte influência do povo em suas ideias, e uma terceira parte teria sido desenvolvida pelos anciãos do povo. Ptolomeu, então, na própria epístola, apoiando-se nas *palavras do Salvador*, procura demonstrar e finalizar que as leis contidas nesse conjunto teriam um aspecto imperfeito. O autor valentiniano, ao fazer essa distinção tripartida das Leis mosaicas, também procura nos trazer em sua exegese que até mesmo a Lei de Deus, cuja parte seria a mais importante dos ensinamentos judaicos, traz consigo mesma também uma tripartição, quando escreve:

---

13 Em comentário à existência dos valentinianos, presentes em regiões orientais e ocidentais no período da Antiguidade Tardia, tendo a sua unicidade conservada também por uso de uma certa homogeneidade interpretativa dos textos antigos e neotestamentários, Jose Montserrat Torrents faz o seguinte apontamento em Los Gnosticos I (pág. 56): El valentinismo es, con mucho, la más importante de las corrientes gnósticas. Para Ireneo, era la gnosis tout court. Sus ramificaciones se extendieron por Oriente y Occidente, alcanzando el valle del Ródano y el Norte de Africa. A pesar de esta proliferación, el valentinismo conservó una notable unidad doctrinal. En primer lugar, los valentinianos aceptaban el canon ecuménico del Nuevo Testamento y no solían alterar el texto recibido. Según Tertuliano, Valentín, al contrario que Marción, utilizó integro instrumento. Respecto al Antigüo Testamento, su actitud era muy matizada. No lo rechazaban al modo marcionítico, pero lo recibían con dde Ptolomeo.

> Mas uma porção, a própria Lei de Deus, é novamente dividida em três partes. Ela é dividida na legislação pura sem mistura de mal, que é apropriadamente chamada de "lei", que o Salvador veio não para destruir, mas para cumprir. (Pois o que ele cumpriu não lhe era estranho < mas precisava de cumprimento >, pois estava incompleto.) Também é dividido em lei misturada com matéria inferior e injustiça, que o Salvador aboliu como incongruente com sua natureza. E se divide também na legislação típica e alegórica à imagem das coisas que são espirituais e excelentes. Isso o Salvador transformou do perceptível e fenomenal no espiritual e invisível. (2009, p. 2018)

Essa Lei é dividida entre o Decálogo e as leis espirituais de caráter alegórico: a primeira é entremeada com injustiça, com *matéria* (com *mal*), por aceitar o *talionato* como método punitivo e retribuidor - conquanto contrário à Natureza Divina, estabelece direitos e deveres como formas de justiça e fora reformada pelo caráter pietista de Jesus -, e a segunda representa imagens e símbolos do transcendente. Portanto, percebe-se na *Epístola a Flora* que o ambiente no qual viviam ainda era ambíguo nas questões relativas aos ritos e leis judaicos, corroborado pelas teses de Mario Saban quando este afirma que boa parte do mediterrâneo, especialmente a oriental, ainda experienciava uma esfera ritualística judaica (como a vivência das festas judaicas[14] e o calendário lunar), vindo a ser trocada na mesma época em que lideranças

14 Quispel menciona a controvérsia pascal a qual Irineu tenta intermediar por volta de 177-178, quando em sua visita a Roma, sob o papado de Eleutero. (2008, p. 382)

judaicas locais foram substituídas por representantes gentílicos afinados ao politeísmo romano[15]. Ptolomeu conclui que:

> Se, como explicamos, a Lei não foi dada pelo próprio Deus perfeito, e certamente não pelo diabo – nem é próprio dizer isso – então este legislador é outro que não estes. Mas este é o demiurgo e criador deste mundo inteiro e tudo nele. Como ele difere das essências dos outros dois < e > fica entre eles, ele pode ser adequadamente intitulado "O Intermediário". (2009, pp. 220-221)

Contudo, Ptolomeu entende que o Demiurgo não seria necessariamente um administrador mau, mas sim justo em suas próprias atribuições, alocando o problema do mal para a estrutura psico-ctônica do sujeito alheio às próprias vontades de sua psique. Cabe, portanto, ao iniciado valentiniano encontrar em si a *metaxy*, o poder entremundos (superior e inferior), a centelha divina capaz de conduzi-lo ao processo intuitivo despertado na incorporação mitopoética inovada pelas exegeses valentinianas.

Sendo assim, a ética valentiniana fundamenta-se primariamente numa espécie de caráter teoprático[16] do Decálogo como vivência social, sem se eximir da importância do simbolismo representado no *nomos* divino, cuja exegese é o próprio iniciado

---

15 Gostaria de fazer uma breve ressalva aqui. Saban considera que havia entre os séculos I e III quatro principais comunidades judaicas, as quais estavam presentes em Corinto, Roma, Lyon e Antioquia curiosamente nas três últimas Valentim estabelceu escolas catequéticas antes de morrer em paz em Roma , e que na época de Paulo, este apóstolo judeu messiânico tentaria unificar o pensamento judaico sob a Lei (Torá). Ao que parece essa tentativa permanecerá vigente até o final do século II, viva ainda quando Ptolomeu escreveria a sua *Epístola a Flora,* época em que os cristãos latinos, após se tornarem líderes em diversos outros locais, inverteram conceitos e a dinâmica de caráter judaicos, reinterpretando alegoricamente festas e ritos judaicos, ou mesmo pagãos. Consequentemente, círculos *gnósticos* foram subtraídos de igual modo, pois fora das sinagogas e especialmente em Roma, Valentim, Marcião e o Pastor de Hermas, teriam tentado diálogo com os teólogos ali presentes quando das discussões sobre a institucionalização e unificação da religiosidade judaico-cristã.

16 O termo em questão, até onde eu sei, inexiste em qualquer vocabulário. Eu o utilizo, ainda que momentaneamente para fins deste capítulo, no sentido de aproximar as exegeses valentinianas (de caráter teológicas, não apenas filosóficas e mitopoéticas) incorporadas em suas ações diárias, que visam refletir em si mesmas o poder da *gnosis* e de sua própria *ressurreição.*

que conhece quando estabelece relação direta com o Uno-Deus--Pai, pela ação do *Logos* no próprio iniciado, que não poderia – e nem o pode – ser delimitada por regras e convenções religiosas (muito menos políticas), pois o processo angelológico necessita de ampla liberdade, a fim de que, por fim, a união angélica ocorra já neste mundo, na convergência do *Tempo* - passado e futuro tornam-se um eterno presente. É necessário que o iniciado valentiniano participe da aperceptividade e contemplação de si, de modo que conheça a *Verdade* de Si (como a de que a sua natureza é superabundante e criativa, assim como o é a do Uno-Deus-Pai). Nesse anseio por ser conhecido, em sua atividade intelectiva, o iniciado discursa consigo mesmo, permitindo a ação do *Logos* que emana em si mesmo a *Vida*, liberando-se dos aspectos psíquicos e materiais, outrora administrados por uma ação demiúrgica e indireta nas leis sociais. Nesse sentido, o iniciado se adorna com a beleza divina por ação criativa providenciada pelo Uno-Deus-Pai (uma espécie de causa eficiente na participação instrutiva e formativa do movimento do *Logos* conjuntamente ao iniciado). Isso seria possível justamente pelo afastamento que o iniciado procurou se submeteu da sua estrutura outrora alienada na tensão subjacente aos prazeres do corpo e às vontades emotivas de sua própria *psiqué*, o mesmo caráter nomológico (relativo às leis que governam os fenômenos naturais) a que Paulo tanto se preocupara quando da tensão promovida pelas leis judaica na *psiqué* dos judeus e gentios.

É necessário que essa tensão, ainda que por vezes temerária e desesperadora, seja vivida para que a alma espiritual compreenda o seu propósito neste mundo, o sentido de sua vida e de sua existência, despertando-se por meio dos processos iniciáticos, sob os quais os mitos gnósticos são importantíssimos na complementariedade própria das suas condutas para fins idôneos

(1971, pp. 44-45). A exegese genesíaca-valentiniana considera-nos imagem do Uno-Deus-Pai, indo na contramão dos ortodoxos (que entendiam que a representação seria a mais próxima da realidade divina), entendendo que é a imagem, não a representação, a mais fiel ao modelo arquetípico moldado na mente de Deus, cujos mitos (enquanto símbolos imagéticos), auxiliam os iniciados em sua projeção à gnose.

O trajeto mitopoético que evoco permeia também (ao menos em parte) as paredes de uma casa-templo de Dura-Europo. Localizada junto ao rio Eufrates, ela contém pinturas marcantes do valentinismo, pois sua simbologia não parece ter sido encontrada em outras formas do cristianismo primevo[17]. Em *Valentinians on the Euphrates?*, Michael Peppard escrevera que tal simbolismo sincrônico (como o do casamento espiritual), até então fortemente rejeitado pela Igreja através das letras de Irineu e Tertuliano, passaria a fazer parte, já no século seguinte, de um aspecto da própria Igreja, como destacado pelos bispos sírios e em outros lugares no Oriente. Sob a figura principal do *Homem Primordial*, da qual todo iniciado deveria desenvolver a partir do simbolismo sincrônico (como embelezado rusticamente nas paredes de Dura-Europos) tanto em Dura-Europos como na doutrina valentiniana adotada por Ptolomeu, é dada uma importância ao comportamental, possivelmente herdada da ortopraxia judaica via pietismo paulino, encontrado em seu viés alegórico no desenvolvimento teológico para o problema da identidade judaica. Tanto para Paulo quanto para os valentinianos, o batismo não é somente um ritual simbólico a sugerir purificação ou regeneração, senão um processo místico pelo

17 Michel Peppard distingue o valentinismo de outras formas de *gnosticismo* pelas figuras das paredes na casa-templo: os ritos de iniciação enfatizados de maneira simbólica-sincrônica na unção como sinal da presença Divina no iniciado, a câmara nupcial, a encarnação e a união angélica. Einar Thomassen alega ser, no contexto da angelologia nupcial, uma invenção de Valentim ou de seus iniciados.

qual o iniciado renasce simbolicamente, prefigurando sua morte e ressurreição ainda em vida; esse rito parece conceder profundas transformações na psique do praticante capaz de tornar-se perceptível durante o seu convívio social.

Essa é, portanto, a contribuição do valentinismo no sentido ecumênico, pacífico e conciliador a que me refiro: se o cristianismo, que emergiu após a segunda metade do século II trata de extrapolar o entendimento que se tinha até então acerca do Cristo judaico, e o judaísmo vinha tendo substituída sua identidade em importantes locais do mediterrâneo, e a tradição valentiniana fortemente presente na Igreja (que ocupava posições de lideranças outrora judaicas) fazia uma elucidação construtiva a ambos (como percebemos na *Epístola a Flora*), decerto temos em Valentim, que morreu em paz em Roma, contrariando Epifânio de Salamis, uma importante figura interreligiosa em um ambiente conflituoso político e, religiosamente falando, são de suma importância maiores aprofundamentos para esclarecimentos ao que este ensaio se propõe a nos mostrar.

Referências Bibliográficas

EPIPHANIUS, Saint, Bishop of Constantia in Cyprus. (2009) [Panarion. Book 1. English]. The panarion of Epiphanius of Salamis. Book I (Sects 1-46) / translated by Frank Williams. Boston: Brill. pp. 216-226.

BAZAN, F. G. (1971). Gnosis: La esencia del dualismo gnóstico. Castañeda.

FALLON, F. T. (1976). The Law in Philo and Ptolemy: A Note on the Letter to Flora. Vigiliae Christianae, vol. 30, no. 1. pp. 45–51. JSTOR, https://doi.org/10.2307/1583258.

MATIAS, C. A. (2011, setembro). Os Valentinianos e a Ruptura bom o Cristianismo Eclesiástico no século II. In: Anais do V Congresso Nacional de História. Maringá.

PAGELS, E. H. (1974). The Mystery of the Resurrection: A Gnostic Reading of 1 Corinthians 15. Journal of Biblical Literature, vol. 93, no. 2, pp. 276–88. JSTOR, https://doi.org/10.2307/3263097.

PIÑERO, A. et al. (2005). O livro secreto de João e outros textos gnósticos – Biblioteca de Nag Hammadi I. António de Macedo (trad.). Ésquilo.

QUISPEL, G. (1996). The Original Doctrine of Valentinus the Gnostic. Vigiliae Christianae, vol. 50, no. 4, pp. 327–352. JSTOR, www.jstor.org/stable/1584312.

QUISPEL, G. (2008). OORT, J. (ed.). Gnostica, Judaica, Catholica. Collected Essays of Gilles Quispel. Brill.

REMAUD, M. (2007). Evangelho e tradição rabínica: com um artigo de Roger Le Déaut. Paula Silvia R. C. Silva (trad.). Loyola.

RUBIO, F. B. (2011). La filiación en los gnósticos “setianos”. Una aproximación. In: BENLOCH, P. N.; LOSADA M. C.; GUTIÉRREZ, A. S. (eds.), Filiación. Cultura pagana, Religión de Israel, Orígenes del cristianismo, vol. III. (pp. 223-255). Trota.

SABAN, M. J. (2008). El judaismo de Jesus: Las enseñazas de la tora y de la tradicion israelita de Yeshua de Nazaret. Saban.

SABAN, M. J. (2016). Causas y consecuencias de la ruptura entre el judaísmo y el cristianismo en el siglo II. [Tese de Doutorado em História Antiga]. Universitat de Lleida, Catalunya.

SCHOLEM, G. (1972) As grandes correntes da mística judaica. Perspectiva.

THOMASSEN, E. (1982) The Tripartite Tractate From Nag Hammadi: a new translation with introduction and commentary [Tese de Doutorado em Filosofia]. University of St. Andrews, Scotland.

TORRENTS, Jose Montserrat (1983). Los Gnosticos I. Editorial Gredos.

IV

Teurgia Neoplatônica: a fusão de Filosofia e Ritualismo Mistérico na Antiguidade Tardia

Danillo Costa Lima

Escultura do filósofo grego Platão - Atenas, Grécia.

Platonismo como Filosofia e como Religião na Antiguidade

Ao contrário de certos estereótipos persistentes, a filosofia não inicia na Grécia antiga como uma rejeição às suas tradições religiosas, mas com uma nova forma de pensar e formular seus conteúdos, bem como novas formas de vivenciar sua piedade. Em especial, o motivo filosófico central do conhecimento do cosmos, universalmente influente dentre os pré-socráticos, é inseparável da motivação piedosa da contemplação da ordem universal ou cosmos – a manifestação palpável à inteligência humana daquilo que a piedade religiosa grega contemplava como digno de divindade. Neste sentido, de fato, o objeto das diversas especulações pré-socráticas parece ter sido culturalmente contínuo com o objeto da piedade das principais correntes religiosas da época: a religiosidade olímpica e a religiosidade mistérica[1].

Dentre as correntes pré-socráticas de "filosofia", a mais particularmente inspirada pela religiosidade mistérica foi o pitagorismo: purificações rituais e transes visionários que libertavam e elevavam a alma dos iniciados nos cultos dos Mistérios, em especial o do Orfismo, aqui assumem a forma de uma vida ascética de purificações e uma vida filosófica de contemplação cuja finalidade é, também, libertar e elevar a alma a uma condição divina[2]. Essa continuidade temática e de propósito aparentemente implicava, inclusive, uma aderência da comunidade de pitagóricos a uma vida ritual de matriz mistérica (KINGSLEY, 1995); mas ela implicava também um processo de reinterpretação ou trans-

1 CORNFORD (1952 e 1957); DETIENNE (2013); MORGAN (1990 e 1992).

2 CASORETTI (2014).

posição[3] que viria a se completar em Platão[4]: a antiga concepção mistérica da *alma-como-vida* é transformada numa concepção da *alma-como-razão,* com a consequência de que a antiga *epopteia* ou visão extática é reduzida a uma faculdade sensorial ou imaginativa da alma irracional (vide *Timeu* 71a-e), enquanto a verdadeira *epopteia* passa a ser a do intelecto, a parte mais nobre da alma racional.

Desse modo, o antigo drama órfico da alma divina ou daimônica que cai da sua morada divina à matéria e aqui transmigra até se purificar da sua impureza e esquecimento para que possa então retornar à sua origem, deixa de ser um drama pragmaticamente determinado (como o erro que ocasiona a queda e os ritos purificatórios que permitem o retorno), e passa a ser um drama cognitivamente determinado: é um erro cognitivo que ocasiona a queda, e é uma correção do olhar que ocasiona a elevação. O próprio estado divino originário da alma passa a ser um estado de intelecção ou contemplação intelectual (*Fedro,* 246c-250c). Noutras palavras, a filosofia emerge como cultivo purificador e iluminador da inteligência, dirigido por um ideal de sabedoria que consiste num conhecimento sobre si mesmo, o mundo e o divino.

Essa transposição dos mistérios órficos à filosofia encontra-se completa na obra de Platão, que frequentemente emprega metáforas e imagens advindas dos cultos dos Mistérios e da tradição órfico-pitagórica a fim de caracterizar a atividade intelectual da filosofia e sua busca da sabedoria. Agora, argumentos filosóficos no espírito socrático operam a purificação da alma; e a divina *epopteia* emerge, como um *flash* de compreensão, ao final do percurso investigativo da dialética. A profunda herança do

3 DIÉS (1972); BERNABÉ (2011).

4 Platão sendo, de certo modo, formulador de uma versão socrática do pensamento pitagórico.

pensamento pitagórico reflete-se nos diálogos dialéticos tardios (como o *Parmênides,* o *Sofista* e o *Filebo*) e nas ditas "doutrinas não-escritas", a partir da qual os sucessores de Platão na chefia da Academia (Espeusipo e Xenócrates) explicitamente viriam a desenvolver o pensamento do mestre em linhas ditas "neopitagóricas".

No entanto, à parte dos cultos convencionais às Musas, nenhuma conexão ritual profunda parece ter persistido entre os cultos dos Mistérios e a Academia platônica. Mas o caso é outro no contexto do Médio Platonismo5: se o vetor de transposição anteriormente se dava do conteúdo das religiões mistéricas à filosofia platônica, neste período ocorre uma inversão desse vetor: a linguagem do platonismo começa a ser absorvida pelos cultos mistéricos gregos e estrangeiros, por onde quer que a influência da cultura helenística chegasse. Desse modo, vemos a astrologia e os papiros mágicos gregos, os cultos mitraicos em Roma, a tradição hermética no Egito, o judaísmo helenizado de Fílon de Alexandria, o gnosticismo cristão, o culto de influência síria dos Oráculos Caldeus: todas essas correntes religiosas passam a falar a "língua franca" do Platonismo[6].

Por outro lado, os filósofos platônicos desse período parecem crescentemente interessados em interpretar os fenômenos, mi-

5 Uma nova fase do percurso histórico do Platonismo na Antiguidade, inicia-se a partir de Antíoco de Ascalão em 90 A.E.C. Esse período do desenvolvimento do pensamento platônico é caracterizado pela leitura eclética e sistemática do pensamento platônico, integrando desenvolvimentos da ética e da psicologia estoica bem como da lógica e da tendência sistematizante da escola peripatética.

6 A maioria dessas correntes supracitadas adotavam, por exemplo, uma estrutura metafísica triádica adaptada de uma leitura medioplatônica do Timeu de Platão, consistindo no mundo inteligível ou espiritual, a esfera celeste dos deuses planetários movidos pela alma do mundo, e o mundo sensível, que era um reflexo do primeiro pela intermediação do segundo. A alma humana, por sua vez, teria sua origem no mundo espiritual, do qual teria descido ao mundo terreno após atravessar as esferas planetárias, delas adquirindo suas potências e faculdades irracionais (como as paixões). O mundo inteligível seria morada das Ideias divinas, geralmente tratadas, neste paradigma medioplatônico, como os pensamentos da mente do Intelecto divino, que por sua vez era concebido em termos de uma fusão do "Intelecto que pensa a si mesmo" de Aristóteles e o Uno ou Bem das doutrinas platônicas.

tos e crenças religiosas com base na filosofia platônica – como exemplificado pelo mais influente filósofo deste período, Plutarco de Queroneia (46-120 E.C.), que era também um sacerdote no templo de Apolo em Delfos e iniciado nos mistérios de Elêusis, e em cuja obra vemos interpretações platonizantes da *Odisseia* de Homero e dos cultos egípcios a Ísis e Osiris[7], bem como argumentações filosóficas de matriz estoica para a defesa das práticas mânticas de adivinhação. Vemos também em seu pensamento a emergência de um universalismo religioso, também de matriz estoica, agora transposto ao idioma platônico: a noção de que todos os deuses são manifestações de um deus supremo, de modo que os vários panteões de divindades pagãs correspondem uns aos outros, diferindo apenas no nome.

Figuras neopitagóricas desse período, como Apolônio de Tiana (c. 15-97 E.C.), também dito filósofo, eram também taumaturgos e homens divinos. Mas além disso, a nova ênfase da metafísica neopitagórica sobre o diálogo *Parmênides* como fonte central da metafísica platônica[8], associada ao modelo de ascensão contemplativa descrito no *Banquete,* vieram a informar

7 C.f. LEÃO e LANZILLOTTA, 2019.

8 Pensadores neopitagóricos como Eudoro de Alexandria (c. I A.E.C.), Moderato de Gades (I E.C.) e Numênio de Apameia (II E.C.), desenvolvem uma linha de interpretação do Platonismo iniciada pelo sobrinho e sucessor de Platão, Espeusipo (IV A.E.C.), que considerava o Uno como o princípio supremo acima do ser e do intelecto, que só poderia ser compreendido em termos de uma teologia negativa. Neste contexto, o Timeu deixa de ser a fonte primária para a compreensão da metafísica de Platão, para dar lugar ao diálogo Parmênides que, lido como um tratado metafísico ao invés de um mero exercício lógico, forneceria a chave da compreensão da emanação da realidade a partir do Uno. Ver DILLON (2010), TURNER (2006, pp. 28-29).

práticas meditativas de ascensão visionária em textos gnósticos[9]. Plotino, o pai do dito "neoplatonismo", parece ter conhecido e praticado essas meditações visionárias testemunhadas pelos tratados gnósticos ditos "sethianos platonizantes"[10], quer por contato direto com a tradição associada a esse texto, quer por partilhar raízes comuns em sua nativa Alexandria, onde a abundante literatura e prática de conjunção mágica com os deuses poderia ter-lhe inspirado com um modelo para suas ascensões contemplativas.[11] Seu discípulo Porfírio (c. 234-309 E.C.), por sua vez, aprofunda os interesses religiosos de seus antecessores, não só, seguindo seu mestre, dando continuidade àquele gênero de contemplação visionária alicerçada numa dialética platônica, mas também, seguindo Plutarco de Queroneia, propondo interpretações alegorizantes para mitos clássicos (como em seu texto *Antro das Ninfas*) e aprofundando a noção de universalismo religioso (embora excluindo deste o Cristianismo, atacado por ele como uma falsa revelação).

Além disso, significativamente, Porfírio foi o primeiro a trazer ao centro da discussão na escola platônica um poema mistérico

---

9 "O outro grupo [de tratados tardios do gnosticismo sethiano] - consistindo dos quatro tratados Zostrianos, Allogenes, as Três Estelas de Seth e Marsanes - concebe a iluminação salvadora a ser alcançada através de uma ascensão vertical, de inspiração platônica, de um visionário através de uma sucessão de reinos supramundanos e estados mentais durante os quais torna-se assimilado em níveis cada vez mais elevados de ser e entendimento. Por razões que se tornarão aparentes, esses quatro tratados formam um grupo distinto que pode ser chamado de 'os tratados sethianos platonizantes'. (...) As várias etapas dessas ascensões são articuladas de acordo com uma hierarquia sempre ascendente de níveis aeônicos transcendentes cuja ontologia é típica dos tratados metafísicos contemporâneos do Platonismo Médio [baseados no diálogo Timeu em diálogo com o livro do Gênesis]. (...) Mas com a virada para o século III, os tratados sethianos platonizantes abandonam todo o interesse pela protologia do Gênesis em favor de uma teologia de ascensão transcendental. Às vezes, a influência do Timeu se mostra, como no breve tratamento do Zostrianos sobre o ato demiúrgico de criação do Arconte criador do mundo, ou nas especulações do Marsanes sobre as configurações da alma. Mas nesses tratados os principais diálogos de referência tornaram-se o Banquete como modelo para a técnica de ascensão e, para sua teologia metafísica, o Parmênides, cuja influência é tão visível nas teologias negativas do Supremo Incognoscível além de ser ..." (TURNER, 2006, pp. 25 e 35).

10 MAZUR (2020).

11 MAZUR (2003, 2004, 2008).

do século II E.C. conhecido como *Oráculos Caldeus,* que teriam sido revelados pelos deuses e pelo próprio Platão a Juliano *o Caldeu* e seu filho, Juliano *o Teurgista.* Esses oráculos seriam uma fonte revelada de sabedoria a respeito da natureza do divino e do mundo, bem como dos métodos de invocação ritual dos deuses para fins de purificação, elevação e deificação da alma. Essas revelações passaram a constituir um verdadeiro culto mistérico/iniciático no seio das escolas platônicas da Antiguidade Tardia, a partir de então chamado *teurgia,* sendo uma fonte contínua de inspiração aos platonistas pagãos entre os séculos III e VI E.C., e por meio deles para seus herdeiros medievais e renascentistas. Teurgia (literalmente "ação divina") é a arte sacerdotal melhor definida como "um simbolismo operatório destinado a despertar a presença divina" (LANKILA, 2010, p. 156), contrastado com a teologia que apenas "revela" os deuses, enquanto a teurgia "invoca; ela age simbolicamente, e seu propósito é trazer a divina iluminação" (ibid., p. 157).

Enquanto o interesse de Porfírio sobre a teurgia desses oráculos centrava na questão da possibilidade de uma relação complementar entre o universo mágico-ritual tradicional e a contemplação metafísica característica da filosofia racional, sua atitude não foi de aceitação total, mas de assimilação crítica da teurgia caldeia. Sua perspectiva era a de que esses ritos mágico-anagógicos prescritos pelos oráculos seriam capazes de purificar o veículo sutil da alma irracional, o chamado *pneumatikhon okhêma,* sede das faculdades imaginativas e das paixões, permitindo libertar o filósofo da submissão da alma ao corpóreo. No entanto, apenas a ascensão contemplativa pela filosofia, como exemplificada por seu mestre, seria capaz de elevar a alma ao plano inteligível e, por fim, à união com o Uno. A alma irracional e seu veículo, ao fim, se dissolveriam segundo a sua natureza mortal, e apenas a alma racional permaneceria.

Seu discípulo, o sírio Jâmblico (245-325), ao contrário, defendeu a validade da teurgia não só na purificação da alma irracional e seu veículo (que ele considerava serem capazes e dignos de salvação), mas também na iluminação contemplativa da alma racional culminando na sua união com os deuses. O seu clássico *De Mysteriis,* escrito em resposta a seu mestre, não só discute os mistérios e a mecânica dos ritos mágicos e dos fenômenos religiosos que os acompanham[12], mas também oferece a eles uma interpretação e validação filosófica que nos permite qualificá-lo como um *filósofo da religião*[13]. Efetivamente, aqui a plena reversão dos vetores de assimilação entre religião e filosofia é concluída, e ambos os desenvolvimentos encontram um equilíbrio.

Desenvolvimentos posteriores da tradição neoplatônica incluem as escolas de Antioquia, de Pérgamo, de Atenas e da Alexandria. Em todas essas, estão presentes em algum nível distinto de equilíbrio a filosofia platônica e a teurgia dos *Oráculos Caldeus* tal como interpretada por Jâmblico. Central dentre essas, no en-

12 Tratando de temas como a classificação e hierarquização dos seres divinos; as epifanias divinas e suas diversas características (em termos de simplicidade, mutabilidade, estabilidade, movimento, velocidade, dimensão, claridade, sutileza, beleza, luminosidade, fulguração, figuras acompanhantes, efeitos emocionais, poderes de purificação e demais benefícios aos espectadores); rituais mânticos e práticas de adivinhação, instinto e sonhos, inspiração oracular e possessão divina; a origem do mal; a relação entre o homem e o divino nos ritos teúrgicos, nos sacrifícios e nas orações; interpretações alegóricas dos simbolismos religiosos egípcios; o daimon guardião; a união com os deuses e a libertação das correntes do destino.

13 Ver os influentes artigos de SMITH (2000 e 2012). No resumo do primeiro deles, lemos: "O De Mysteriis de Jâmblico marca a primeira aparição na antiguidade do que poderíamos chamar de filosofia da religião no sentido de uma investigação sobre os fenômenos da religião. Mais especificamente, ele mostra uma consciência da necessidade de identificar os modos de discurso apropriados para declarações teológicas e práticas rituais. Embora os filósofos gregos desde Tales tenham criticado as visões tradicionais dos deuses e tenham lançado as bases da teologia natural, vista em seu clímax no motor imóvel de Aristóteles, a piedade ritual tendia a ser aceita sem qualquer questionamento sobre sua natureza ou modus operandi até a era helenística. Somente com Jâmblico é desenvolvida uma série de formulações que distinguem o discurso filosófico, teológico e sacramental (teúrgico), ao mesmo tempo em que explicam sua relação com a razão discursiva.".

tanto, é a escola ateniense: seguindo a categorização da filosofia, a teologia e a teurgia como as três vias de discurso e acesso ao divino, originalmente proposta por Jâmblico, os mestres da escola ateniense conceberam essas três disciplinas como formando um mesmo fluxo contínuo de inspiração divina que se diferenciam à medida em que são recebidas através das diferentes faculdades da alma. Nesse sentido, inauguram um espírito filosófico similar ao da escolástica medieval: uma grande interpretação unificada de todos os saberes, divino e humano[14].

Na vida e na obra de Proclo (412-485), o grande representante desta escola, encontramos também um testemunho vivo do universalismo religioso que caracteriza o platonismo desde Plutarco de Queroneia e Porfírio: não só nessa escola a teurgia caldeia foi fundida com os ritos das teogonias órficas, mas também seu maior representante apregoava o ideal do filósofo como "sacerdote do mundo todo"[15]. Na obra de Proclo encontramos boa parte dos fragmentos sobreviventes dos *Oráculos Caldeus,* bem como pistas interpretativas fundamentais, tais como os fragmentos do tratado de Proclo, *Sobre a Filosofia Caldeia.* Junto a Jâmblico, é o mais importante autor para a compreensão da teurgia neoplatônica.

Os Oráculos Caldeus e a Teurgia

Os *Oráculos Caldeus*, a revelação sagrada sobre a qual toda esta linhagem iniciática da tradição neoplatônica se baseia, sobreviveu aos dias de hoje apenas em fragmentos e passagens

14 Ver Reale (2014, pp. 181-183).

15 Lemos em Vita Proclis (caps. 18-19), relato biográfico escrito por seu discípulo e sucessor Marino: "Dia e noite ele fazia uso de purificações apotropaicas, lustratórias e outras, ora órficas, ora caldeias (...). Quase se poderia dizer que observava com os devidos rituais os feriados significativos de cada povo e os ritos ancestrais de cada um; (...). Pois uma máxima que esse filósofo mais temente a Deus sempre teve à mão e sempre pronunciou era que um filósofo não deveria adorar à maneira de uma única cidade ou país de algumas pessoas, mas deveria ser o sacerdote comum de todo o mundo.".

interpretativas dos autores neoplatônicos. No entanto, através dessa escassa evidência, os estudos acadêmicos contemporâneos foram capazes de reconstruir uma parte considerável do seu ensinamento[16].

A metafísica medioplatônica dos *Oráculos* apresenta uma estrutura baseada em tríades e hebdômadas: três mundos (o empíreo ou intelectivo, o etéreo ou celeste, e o material), que se tornam sete quando os últimos dois são subdivididos em três cada; enquanto o primeiro, o mundo empíreo, é constituído de sete níveis.

Os divinos governantes dos três mundos habitam conjuntamente no mundo empíreo, onde formam uma divina tríade: *Had* (o Pai ou Intelecto paterno), governante do mundo empíreo; *Hécate* (a Alma do Todo), governante do mundo etérico; e *Hadad* (o Intelecto demiúrgico), governante do mundo material. Além deles, há outras três tríades de entidades divinas distribuídas entre os três mundos: os três *Iynges*, os três *Conectores* e os três *Teletarcas* (ou iniciadores). Além disso, há diversas ordens angélicas e *daimônicas* que elevam as almas da matéria ao espírito e as descendem do espírito à matéria, respectivamente.

A divindade central do culto dos *Oráculos Caldeus* é Hécate, combinando em si atributos tanto da Hécate greco-romana quanto da deusa assíria Atargatis (dentre outras). Além de compor a tríade noética como a vida, poder ou dinamismo eterno do intelecto paterno, ela também é a Alma do Todo ou útero das ideias e geratriz das almas, além de ser a senhora do mundo intermediário que conecta o inteligível e o sensível: o mundo etérico dos sonhos, símbolos e formas espectrais. Ela é também,

16 No que segue, baseio-me principalmente nas obras de LEWY (2011), MAJERCIK (2015), SPANU (2020) e RONAN (1992), cujas leituras aqui sumarizo e parafraseio.

em sua face benevolente, a fonte das virtudes[17] e das ordens angélicas que ordenam, governam, purificam e elevam as almas de volta à fonte; assim como, em sua face terrível, a fonte da natureza, do destino e seus *daimons* que as aprisiona na matéria. Ela aparece aos seus devotos sob a forma de uma mulher que tem leões por veículo[18], envolta de serpentes, armada dos pés à cabeça; ou, na sua forma terrena, com quatro faces animais (significando os quatro elementos). Enquanto senhora da natureza e dos *daimons*, ela aparece rodeada de cães. Mas na sua forma celeste e salvadora, ela aparece como um fogo em vórtex ou uma abundante luz helicoidal, da qual emana uma voz capaz de revelar a suprema sabedoria[19].

No que tange ao aspecto operativo dos ritos teúrgicos pelos quais os *Oráculos Caldeus* são conhecidos, temos uma estrutura tríplice que reflete o seu universo triádico. Correspondentemente, há uma dimensão material ou externa da teurgia, que emprega ritualmente signos divinos manifestos em objetos naturais – como minerais, plantas, animais –, bem como benefícios materiais advindos da conexão com as divindades encósmicas responsáveis pela gestão do cosmos (como saúde, prosperidade e proteção, para si mesmo e para os demais: a cidade etc.)[20]. A dimensão intermediária da teurgia, por sua vez, caracteriza-se principalmente pelo emprego sacrificial de signos divinos manifestos em objetos matemáticos – como formas geométricas,

17 A tríade caldeia Fé, Verdade e Amor, que Proclo compreende como três grandes poderes divinos pelos quais os deuses ordenam o mundo e as almas, mas também como as três grandes vias de ascensão da alma ao divino. Neste último sentido, estariam associadas à teurgia, a filosofia e a erótica, respectivamente.

18 Um atributo que ela herda de sua identidade com a deusa síria Atargatis, segundo RONAN (1992).

19 Proclo teria testemunhado sua visão, segundo o testemunho de Marino na Vita Proclis (cap. 28): "...o filósofo foi purificado na devida ordem pelas purificações caldeias, e experimentou as aparições de fogo de Hécate com seus próprios olhos, como ele mesmo registra em um de seus próprios escritos.".

20 Os relatos biográficos acerca desses teurgistas neoplatônicos da Antiguidade abundam em narrativas sobre os seus feitos taumatúrgicos.

números e harmonias[21] –, alcançando, das divindades etéricas intermediárias entre os mundos material e inteligível, bênçãos como a purificação e a virtude da alma. Por fim, a teurgia imaterial emprega ritualmente os signos divinos manifestos em objetos noéticos como os nomes divinos[22] (revelados pelos oráculos inspirados), através desses atraindo, dos deuses empíreos, a bênção da iluminação intelectiva da alma.

A Teurgia como epifania divina

Central ao universo das práticas dos seguidores dos *Oráculos* são os supracitados Iynges, concebidos como os pensamentos do Pai, que são comunicados a todas as partes do mundo sob a forma de nomes sagrados (*onomata*), símbolos (*symbola*) e signos (*synthêmata*) a fim de governá-los e ordená-los harmoniosamente. É concebido que a alma originalmente conhecia esses pensamentos e nomes sagrados, mas que os esqueceu em sua descida através dos mundos para a condição corpórea. Tal como na reminiscência platônica das Ideias, o teurgista deve rememorar esse conhecimento inato; mas ao contrário do que se dá na filosofia platônica, essa não é uma rememoração intelectual de definições conceituais, mas a instrução mágica em *voces mysti-*

---

21 Shaw (2014, pp. 227-228) explica que diferentes formas geométricas eram compreendidas como constituindo as "formas" de diferentes deidades, e apropriadamente comparou esse emprego teúrgico de formas geométricas com os maalas tântricos. Além disso, apontou (ibid., pp. 224-225) que o emprego teúrgico de números e harmonias também possuía uma dimensão astrológica, uma vez que sua intenção era pôr em sintonia os números e proporções da alma com os números e proporções do Tempo revelados nos céus, de modo que "a regulação da energeia ritual com a energeia celeste vincularia os números da alma com suas unidades inefáveis. Realizando rituais em momentos precisos e de acordo com as constelações apropriadas, a alma seria unificada [com os deuses celestes ou encósmicos]".

22 Jâmblico, segundo Shaw (2014, p. 125), considerava que "os nomes inefáveis [dos deuses] estavam já presentes na alma na forma de uma imagem indivisa. Jâmblico diz: 'Nós preservamos completamente na alma a imagem mística e inefável dos deuses, e através destes [nomes] somos conduzidos acima até os deuses e, quando eleados, somos conectados a eles tanto quanto possível'. [...] Um nome divino era a energeia audível do deus e quando invocado o teurgista entrava em seu poder, unindo a imagem divina em sua alma ao divino em si".

cae, as palavras sagradas e inefáveis reveladas pelos deuses aos sacerdotes através de seus oráculos[23].

Essas palavras mágicas consistindo em combinações aparentemente ininteligíveis de vogais e consoantes, frequentemente encontrada nos papiros mágicos da Antiguidade, são compreendidas como os próprios poderes e pensamentos divinos semeados pelo universo, como signos que, uma vez despertos pelo uso e reconhecimento consciente, magneticamente atraem a alma ao divino e o divino à alma[24]. A entoação ritual dessas *voces mysticae,* sozinhas ou acompanhadas de hinos e harmonias musicais, seriam capazes de gerar um tipo de exaltação na alma do teurgista, uma vez que, segundo a explicação de Jâmblico (*De Mysteriis,* III.9), esses sons propriamente consagrados ao divino de acordo com a simpatia de natureza com suas ordens, poderes e moções universais, invocariam sua presença.

Essa dupla via de atração permite-nos compreender os dois principais vetores das operações teúrgicas: a de i) *invocação* ou atração do divino à alma e a de ii) *elevação* ou atração da alma ao divino (sobre a qual falaremos na seção seguinte). Neste pri-

23 Diz Proclo no tratado Sobre a Filosofia Caldeia (fragm. V.1), explicando como esses dois mecanismos de esquecimento e reminiscência operam simultaneamente em linhas paralelas de participação da alma no espírito: "A filosofia alega como causa do esquecimento e da lembrança dos princípios de razão eternos o afastamento dos deuses e o retorno a eles. Mas os Oráculos (explicam o mesmo fato do esquecimento e a lembrança a partir) dos símbolos paternos. E essas (duas explicações) concordam entre si, pois a Alma existe a partir de princípios sagrados da razão e símbolos divinos (5), dos quais uns vêm de Formas intelectuais, enquanto os outros de hênades divinas [deuses]. E somos, por sua vez, imagens das essências intelectuais e 'estátuas' dos símbolos incognoscíveis. E como a Alma inteira é a plenitude de todas as Formas, mas subsiste de acordo com uma causa totalmente unitária, assim (ela) participa em todos os símbolos em virtude dos quais (ela) está unida ao Divino".

24 Proclo (Theol. Plat., II.8), utilizando a linguagem característica dos Oráculos Caldeus: "Pois a Causa de tudo disseminou em todas as coisas as impressões de sua própria transcendência perfeita, e por meio delas estabelece todas as coisas em torno a si, e estando isento do todo das coisas, está inefavelmente presente a todas as coisas. Cada coisa, portanto, entrando no inefável de sua própria natureza, encontra ali o símbolo do Pai de tudo. Todas as coisas, também, naturalmente o veneram e se unem a ele por uma impressão mística apropriada, despojando-se de sua própria natureza e apressando-se a tornar-se apenas sua impressão e a participar somente dele, pelo desejo de sua natureza desconhecida e da fonte do bem.".

meiro vetor, lançando mão das *voces mysticae* o teurgista invoca a descida do *pneuma*[25] dos deuses ao nosso plano: seja na forma da animação de estátuas, das epifanias proféticas[26] ou através da possessão divina.

A animação de estátuas ou arte teléstica é o modo pelo qual o *pneuma* divino é instalado em estátuas das divindades, que assim passam a ser um veículo dos deuses e emanar poder oracular através de sua presença[27]. Nas epifanias proféticas, por sua vez, os deuses se manifestariam ao teurgista através de visões, o que poderia se dar através de formas antropomórficas, extensões de luz em formas geométricas ou como luz sem forma – nesta ordem de profundidade no que tange à revelação da verdadeira natureza da divindade[28]. Considera-se que essas epifanias tenham um considerável poder transformador sobre seus recipientes, conferindo-lhes um vislumbre da vida divina[29].

Na possessão divina ou *enthousiasmos,* o *pneuma* divino, como um fogo ou iluminação, envolve e preenche o adepto, que se torna exaltado, agindo não conforme suas faculdades sensoriais e imaginativas, nem mesmo de acordo com sua própria razão e intelecção humanas, mas em participação, comunhão ou mesmo união com a divindade que o inspira (cf. *De Mysteriis,*

25 "Espírito", no sentido de fôlego ou força vital, que no pensamento platônico constitui uma mediação entre o corpo e a mente.

26 Não no sentido de revelação do futuro, mas no sentido de revelação dos deuses e de sua sabedoria.

27 A mecânica deste procedimento é assim explicada pelo neoplatônico Hérmias (In Phaed., 87.7-12): "Mas como uma estátua é dita ser inspirada? Bem, ela certamente não opera na esfera do divino por si só, sendo uma coisa sem alma. Pelo contrário, o teléstico, purificando sua matéria e conferindo à estátua certos símbolos e signos, por esses meios primeiro a anima e a faz receber uma espécie de vida do cosmos, depois a prepara para ser iluminada pela luz divina. (...) uma vez consagrada, (ela) permanece efetiva depois disso, até quando se torne totalmente imprópria para a iluminação divina.".

28 Os próprios Oráculos, como testemunhado nos fragmentos 142-148, defendem que as formas divinas reveladas em visões aos teurgistas não correspondem à verdadeira natureza das divindades, mas são por elas assumidas como concessão à natureza daquele que as vê. Sobre a interpretação de Proclo a esses fragmentos em termos de três níveis ascendentes de epifanias, ver Spanu (2020, pp. 131-2).

29 Ver Jâmblico, De Mysteriis (I.11).

III.4-8). No entanto, a deidade só permanece enquanto o seu recipiente não se ocupa de nenhum pensamento material: do contrário, tal pensamento faz dele um recipiente incapaz de conter o divino *pneuma*, que então "vasa" e retorna à sua morada. Esse tema do *enthousiasmos* foi de considerável importância para as reflexões dos pensadores neoplatônicos. Filosoficamente, eles procuraram conciliar a noção de possessão divina com a noção de autonomia racional da alma[30], de modo que é através do próprio elemento divino da alma (o uno-da-alma) que ela é movida a agir em consonância com o influxo divino[31].

De grande inspiração para as reflexões teológicas do Neoplatonismo é a passagem do *Fedro* (265b) de Platão, que classifica a loucura divina em quatro espécies referentes a quatro divindades: a poética às Musas, a teléstica a Dionísio, a mântica a Apolo e a erótica a Afrodite e Eros. Segundo a interpretação dada no comentário de Hérmias (*In Phaed.*, 89-92), a (i) inspiração poética ou musical, atribuída às Musas, atua nas partes inferiores da natureza da alma, de modo a conduzi-las do tumulto, da agitação e da perturbação a uma divina sinfonia e harmonia; externamente, disciplina nossa vida, faz que nossa fala e ação sejam

30 Ver LIMA (2018, pp. 169-199).

31 Hermias (In Phaed., 84-86): "... há ainda outra parte acima desta [a alma racional e intelectual] que é a parte mais elevada e unificada de toda a alma (...). Isso é chamado de uno-da-alma e traz a imagem do Uno acima do ser, dando unidade à alma inteira. (...) Assim, a inspiração que é primariamente e propriamente falando e verdadeiramente dos deuses ocorre em conexão com este uno-da-alma que está acima do pensamento discursivo e acima do intelecto nela – algo que está noutras vezes [na ausência de inspiração] como alguém que está exausto e adormecido. Mas quando este é iluminado, toda a vida o intelecto, o pensamento discursivo, (a parte) irracional (da alma) é iluminada e um reflexo da inspiração é concedido até ao próprio corpo. Outros tipos de inspiração também ocorrem em conexão com as outras partes da alma quando certos daimons (...) as estimulam. Por exemplo, diz-se que o pensamento discursivo é inspirado quando descobre ciências e ideias num relâmpago (...). E diz-se que a opinião e a imaginação se inspiram quando inventam técnicas e produzem obras incríveis, como Fídias no ofício do escultor (...). E diz-se que a parte espirituosa é inspirada quando é anormalmente despertada em batalha (...). E se alguém, por ter o desejado, comeu algo que a razão consideraria ruim e, posteriormente, ao contrário do esperado, permaneceu saudável, pode-se dizer também que a fantasia foi, de uma maneira indefinida, inspirada. (...) Mas inspiração propriamente dita e no verdadeiro sentido é quando esse uno-da-alma acima do intelecto é desperto para os deuses e recebe inspiração daquela fonte.".

rítmicas, inspira-nos a cantar poeticamente as vidas dos homens divinos. A (ii) inspiração teléstica ou iniciática, atribuída a Dionísio, unifica e aperfeiçoa as atividades fragmentadas da alma, tornando-a um todo, capaz de viver segundo o Intelecto; externamente, purifica corpo e alma de tudo o que é contaminante e obstáculo à sua inteireza. A (iii) inspiração profética, atribuída a Apolo, faz que todas as potências e faculdades da totalidade da alma se voltem ao uno-da-alma e sejam por ele iluminadas; externamente, "contrai numa unidade a extensão e infinitude do tempo, e vê, num agora presente, todas as coisas do passado, presente e futuro, e o próprio tempo", fazendo que vivamos de modo irrepreensível segundo a conexão de todas as coisas. E por fim, a (iv) inspiração erótica, atribuída a Eros, une o uno-da-alma aos deuses; externamente, faz que sejamos amantes divinos que atraem a si os jovens e providencialmente os conduz à visão da verdadeira beleza divina.

A Teurgia como rito de ascensão e apoteose

No segundo vetor de atração, do humano ao divino, encontram-se os ritos iniciáticos centrais da teurgia dos *Oráculos*. O processo iniciava por ritos iniciais de oferendas e de purificação, necessários para purificar o veículo sutil da alma de suas impurezas adquiridas da associação com a matéria – do contrário ele se manteria "pesado", incapaz de levantar voo. Em seguida, o neófito era conduzido por seu iniciador a uma cova na qual ele seria enterrado vivo, mantendo apenas a cabeça de fora. Nessa emulação de sua própria morte, a alma do neófito era conjurada pelo seu iniciador (como num procedimento necromante ressignificado), os governantes dos raios divinos eram por ele invocados, e o neófito era preenchido pelo pneuma divino.

O neófito era então instruído a inalar a luz solar para sua purificação. Em seguida, de forma concentrada, ele deveria imbuir sua mente dos símbolos (*voces mysticae*) da suprema tríade inteligível, para então elevar-se pelos ígneos raios solares de Apolo que descendiam até ele como focalizados pelo canal das entoações místicas. A alma então assumia a forma de um raio solar, se unificava ao raio descendente de Apolo, que a conduzia até o próprio Sol, o centro da harmonia das esferas celestes. Ali o veículo sutil da alma encontrava sua plena purificação, e a alma, embriagada com a luz, encontrava profundo repouso. O rito iniciático da ascensão da alma teria o poder de libertar a alma, mesmo antes da "morte", do seu cativeiro material e suas constrições naturais. Essa alma, livre e pura como uma fagulha luminosa ou raio de luz, podia então ascender até à luz das visões divinas.

Os Oráculos prometem salvação ao veículo pneumático da alma que assim se eleva ao centro da luz, de modo que ele possa perpetuamente habitar ali. Após essa iniciação e "morte divina", o teurgista vive como um anjo (ver MOREIRA, 2017). Shaw (2014, pp. 58-62) explica, com base em Jâmblico, que a encarnação da alma num corpo podia ser vista de duas perspectivas distintas: do ponto de vista particular, de uma alma particular num corpo particular, segundo o qual a encarnação é experimentada como uma prisão, e portanto submissão ao destino; e do ponto de vista universal, em que está presente a universalidade do Corpo do mundo ao qual o corpo particular é integrado, e segundo o qual a encarnação é experimentada como ato providencial, e portanto liberdade. É desta segunda forma que os deuses encósmicos (os planetas e estrelas) experimentam sua encarnação (nos corpos planetários/estrelares), e é dessa forma que o teurgista purificado também a experimenta. Como os corpos esféricos do universo e das estrelas, para os quais a encarnação era simplesmente adorno e revelação, a transformação do corpo pneumático num corpo esférico solar adquirido em rituais teúrgicos estabeleceria a alma na comunidade dos deuses, sem que ela sofresse alienação de sua natureza por estar encarnada. A encarnação era transformada de um caos psíquico de sofrimento a um cosmos, um adorno do divino" (ibid., pp. 58 e 62).

Segundo o testemunho dos antigos, acreditava-se que os teurgistas morriam de forma divina (cf. LEWY, 2011, p. 217), dissolvendo os elementos que constituíam o seu corpo, tal como Fílon de Alexandria narra Moisés dissolvendo seu agregado psicofísico num intelecto solar, ou o gnóstico Apelles descreve Jesus dissolvendo seu corpo no evento conhecido como sua ascensão ao céu. O ciclo transmigratório não cessa para essas almas, no entanto, mas passa a operar sem a constrição do destino: a alma angélica/arcangélica futuramente reencarna como uma pessoa divina, dotada das faculdades de grande teurgista ou filósofo, para a bênção do mundo.

No entanto, a elevação da alma até o Sol não constitui o ápice da sua ascensão nos Oráculos Caldeus: a própria luz solar é derivada do fogo intelectual do Pai, que a transmite ao Sol através da intermediação do mundo empíreo de Aion (a Eternidade). Dessa forma, uma vez que a luz solar é, em sua verdadeira natureza, uma luz espiritual, a ascensão ao Sol inicia na alma uma recepção cognitiva da contemplação da pura inteligência espiritual e seus divinos pensamentos.

A partir de então tem início a teurgia superior, desprovida de qualquer suporte externo, em que o neófito é instruído a concentrar sua mente e elevá-la à contemplação direta da luz do Pai. Nesse ponto, a inteligência mantém-se passiva na suspensão do pensamento discursivo, enquanto o olho da alma se inclina ao inteligível. A visão ocorre através da união da alma com a luz divina que a ela se inclina, preenche e inebria. Segundo Proclo (Sobre a Filosofia Caldeia, frag. 1), ao final desse processo a alma converte-se em puro fogo noético, e "oferta ao Pai (...) (seus próprios) símbolos inefáveis, que o Pai inseminou na alma durante a criação da sua essência.". Por fim, a alma mergulha numa profunda união para além de todo o pensamento quando o Pai se revela como o Uno, pois pensar esse Uno é não pensá-lo, Ele que é o Silêncio do qual as palavras sagradas emanam (ibid., fragm. 4). Instruem os Oráculos Caldeus (fragmentos 1 e 9a) sobre esta meditação:

> Pois existe um certo inteligível que você deve perceber pela flor da mente. Pois se você inclinasse sua mente para ela e a percebesse como percebendo uma coisa específica, você não a perceberia. (...) Você não deve percebê-lo com atenção, mas mantendo o olho puro da alma desviado, você deve estender a mente vazia para o inteligível para compreendê-lo (...) E não mantenha em sua mente o outro multiforme, mas estenda a faculdade perceptiva da alma para o Uno.

A teurgia caldeia conclui, assim, retomando a meditação de ascensão contemplativa ao silêncio unificador a que se dedicou Plotino. Desse modo, enquanto a mecânica da ascensão da alma até o sol segue de perto o *Timeu* de Platão, a dimensão contemplativa da teurgia modela-se com base na combinação do modelo de ascensão do *Banquete* e a teologia do *Parmênides*. Uma combinação de estudos e argumentos filosóficos com meditações visionárias, ritos mágicos e orações místicas parece ter assim caracterizado a vida dos filósofos platônicos na Antiguidade Tardia.

Considerações Finais

As escolas neoplatônicas da Antiguidade Tardia ofereciam um percurso pedagógico de formação espiritual completo que incorporava disciplinas ascéticas pitagóricas, o cultivo de virtudes estoicas, o estudo da filosofia aristotélica seguido do estudo da filosofia platônica, bem como os estudos inspirados das *Teogonias Órficas* e das práticas teúrgicas dos *Oráculos Caldeus*. Todo esse percurso de condução da alma seguia uma escada na qual cada etapa contava com uma ciência e uma virtude correspondente. Segundo uma das formulações dessta escada, teríamos em ordem ascendente as seguintes virtudes: natural, ética, política, purificatória, contemplativa, paradigmática e, por fim, a hierática ou teúrgica[32].

A razão pela qual a virtude associada à prática da teurgia aparece aqui como a coroa de todas as virtudes é porque ela, de algum modo, compreende em si a totalidade de todas as outras. É isso que a narrativa biográfica de Proclo, escrita por seu discípulo Marino, nos deixa entrever: ordenada no sentido de descrever a vida ideal desse filósofo neoplatônico segundo sua posse de todas as virtudes supracitadas, a descrição de cada um desses níveis de excelência contém não apenas alguma virtude moral e intelectual possuída e demonstrada por Proclo, mas também por alguma realização correspondente no caminho da teurgia. Desse modo, a prática hierática é capaz de conceder o aperfeiçoamento da natureza sensível e imaginativa da alma, bem como a purificação da alma racional e sua elevação à contemplação do inteligível, até, por fim, sua união com a luz intelectiva e o silêncio que a precede.

32 Ver LIMA (2018, pp. 199-270).

Essa supereminência da teurgia, segundo Hermias (*In Phaed.*, 92) deve-se ao fato de que ela "inclui tudo em seu abraço – toda a teologia e a filosofia", uma vez que a teurgia delas depende para ser bem-sucedida. Essa supereminência se justifica mediante a concepção neoplatônica de que o *uno-da-alma*, seu núcleo divino e veículo de inspiração e união com o divino, é a "flor" de todas as faculdades da alma, a que unifica e vivifica todas elas. Jâmblico (*De Mysteriis,* V.26) ressalta como a teurgia é caracterizada pela "unidade total do espírito e da ação", sem excluir nenhum aspecto da excelência, de modo que sua mensagem indica que os que desejam unir-se completamente aos deuses deveriam "exercitar-se igualmente em todos os ramos e esforçar-se para atingir perfeição em todos eles".

Essa engenhosa síntese permite conceder aos ritos mistéricos uma universalidade e inteligibilidade características da razão filosófica, e permite conceder "asas" e piedade prática à filosofia enquanto modo de vida. Nesse sentido, longe de ser uma aberração ou decadência do espírito helênico, a integração da teurgia com a filosofia platônica na Antiguidade Tardia oferece-nos a síntese completa do espírito helênico.

Referências Bibliográficas

Fontes Primárias

BALTZLY, D.; SHARE, M. (2018). Hermias: On Plato Phaedrus 227A–245E. Bloomsbury Publishing.

JÂMBLICO. (2003). On the Mysteries. Translated with Introduction and Notes by Emma C. Clarke, John M. Dillon and Jackson P. Hershbell. [De Mysteriis]. Atlanta: Society of Biblical Literature.

MAJERCIK, R. (Ed.). (2015). The Chaldean Oracles: text, translation and commentary. Leiden: Brill.

PROCLO. (1995). The Theology of Plato. Traduzido por Thomas Taylor [Plat. Theol.]. Frome: The Prometheus Trust.

SPANU, N. (2020). Proclus and the Chaldean Oracles: A Study on Proclean Exegesis, with a Translation and Commentary of Proclus' Treatise on Chaldean Philosophy. London: Routledge.

Fontes Secundárias

BERNABÉ, A. (2011). Platón y el orfismo. Diálogos entre religión y filosofía. Madrid: Abada Editores.

DIÉS, A. (1972). Autour de Platon: essais de critique et d'histoire. Les Belles Letres: Paris.

CASORETTI, A. M. (2014). O Surgimento da Ascética da Alma na Antiguidade Grega: Orfismo e Pitagorismo. Dissertação de Mestrado em Filosofia pela PUC-SP, São Paulo.

CORNFORD, F. M. (1952). Principium Sapientiae: the Origins of Greek Philosophical Thought. Cambridge: Cambridge University Press.

______. (1957). From Religion to Philosophy: a Study in the Origins of Western Speculation. New York: Harper & Brothers Publishers.

DETIENNE, M. (2013). Mestres da Verdade na Grécia Arcaica. São Paulo: Editora Martins Fontes.

DILLON, J. M. (2010). Speusippus and the Ontological Interpretation of the Parmenides. Plato's Parmenides and its heritage; 1: History and interpretation from the Old Academy to later Platonism and Gnosticism, p. 67-78.

KINGSLEY, P. (1995). Ancient philosophy, mystery, and magic: Empedocles and Pythagorean tradition. Oxford: Claredon Press.

LANKILA, T. (2010). Hypernoetic Cognition and the Scope of Theurgy in Proclus. Arctos 44, pp. 147-170.

LEÃO, D. F.; LANZILLOTTA, L. R. (Eds.). (2019). A man of many interests: Plutarch on religion, myth, and magic: essays in honor of Aurelio Pérez Jiménez. Leiden: Brill.

LEWY, H. (2011). Chaldean Oracles and Theurgy: Mystic Magic and Platonism in the Later Roman Empire. Translated by Michel Tardieu. 3ª edição. Paris: Institut d'Études Augustiniennes.

LIMA, D. C. (2018). Conhecimento de si como caminho filosófico em Platão, Plotino e Proclo. Dissertação (Mestrado em Filosofia), Programa de Estudos Pós-Graduados em Filosofia, Pontifícia Universidade Católica de São Paulo, São Paulo.

MAZUR, Z. (2020). The Platonizing Sethian Background of Plotinus's Mysticism. Leiden: Brill.

_______. (2003). "Unio magica": part I: on the magical origins of Plotinus' mysticism. Dionysius, v. 21.

_______. (2004). "Unio magica": part II: Plotinus, Theurgy and the question of ritual. Dionysius, v. 22.

_______. (2008)."Unio intellectualis"?: a response to Beierwaltes on 'Unio magica'. Dionysius, v. 26.

MOREIRA, J. C. (2017). The Pure Human Soul in Iamblichus: Divine or Angelic? In: Platonic Inquiries — Selected Papers from the Thirteenth Annual Conference of the International Society for Neoplatonic Studies. Edited by Claudia D'Amico, John F. Finamore and Natalia Strok. Dilton Marsh, The Prometheus Trust.

MORGAN, M. L. (1990). Platonic Piety: Philosophy & Ritual in Fourth-Century Athens. New Haven: Yale University Press.

_______. (1992). Plato and Greek Religion. In: The Cambridge Companion to Plato, Richard Kraut (ed.). Cambridge: Cambridge University Press, pp. 227-47.

REALE, G. (2014). Plotino e Neoplatonismo. Traduzido por Henrique Cláudio de Lima Vaz e Marcelo Perine. 3ª edição. São Paulo: Edições Loyola.

RONAN, S. (Ed.). (1992). The Goddess Hekate: Studies in Ancient Pagan and Christian Religion & Philosophy (Volume I). Hastings: Chthonios Books.

SHAW, G. (2014). Theurgy and the Soul: the Neoplatonism of Iamblichus (2nd edition). Kettering: Angelico Press.

SMITH, A. (2000). Iamblichus, the first philosopher of religion? Habis, 31, 345-353.

_______. (2012). Further Thoughts on Iamblichus as the First Philosopher of Religion. Metaphysik und Religion: Zur Signatur des spätanktiken Denkens, p. 297-308.

TURNER, J. (2006). The gnostic sethians and middle platonism: Interpretations of the Timaeus and Parmenides. Vigiliae christianae, v. 60, n. 1, p. 9-64.

YOUNT, D. J. (2014). Plotinus the Platonist: A Comparative Account of Plato and Plotinus' Metaphysics. Bloomsbury Publishing.

V

Em busca dos Cátaros

Beatriz Del Picchia

– "E esse era o estilo francês", explicou a guia em francês, torcendo o nariz. – "O deles, da Inquisição e do rei da França".

Castelo de Peyrepertuse, França

- *"E esse era o estilo francês",explicou a guia em francês, torcendo o nariz.*

– *"O deles, da Inquisição e do rei da França".*

Era 2011 e eu estava com um grupo de turistas numa igreja gótica da cidadela medieval de Carcassonne, sudoeste da França. Na fala da guia estava subentendido que o "nós", com os quais ela se identificava, eram os cátaros.

De lá ela nos conduziu ao local onde a Inquisição interrogava os suspeitos dessa heresia, que caso fossem condenados seriam levados à fogueira e cujos bens e posses passariam ao domínio da Igreja justificando que era para "salvar suas almas", salientou a guia num tom ainda mais crítico.

Eu me surpreendi com sua veemência ao mesmo tempo que compreendia seu sentimento; afinal, estava ali mais uma vez para pesquisar o assunto e comparecer ao III Encontro da Diversidade Cátara justamente por causa de meu vivo interesse por eles.

Quem eram os cátaros, e por que eles provocam essas reações mais de 700 anos depois de terem sido dizimados pela Inquisição?

Origens do Catarismo

Para tentar desvendar essa resposta temos de ir para meados do século XII, quando o movimento cátaro surgiu em alguns lugares da França, Flandres, Alemanha e Itália. Focaremos aqui no catarismo do Languedoc, parte da Occitânia no sudoeste da França, onde ele mais se desenvolveu possivelmente graças às características daquela sociedade.

Ao longo do tempo a Occitânia recebeu vários fluxos migratórios; quando os gregos ali aportaram em VII a.C. já encontraram uma população diversificada, formada por ligúrios, ibérios e celtas. Como também era rota de intenso comércio entre a bacia do Mediterrâneo e o Oriente, seus habitantes se acostumaram a um convívio relativamente pacífico com povos de diversas etnias e crenças que negociavam ou se estabeleciam nessas terras de solo fértil e clima ameno.

Esse convívio mais tolerante continuou inclusive entre dominantes e dominados quando os romanos a invadiram nos século I e II a.C., os visigodos no século V d.C. e os árabes no século VIII. No século V, registros da cidade de Narbonne mostram que celtas, judeus, romanos, visigodos e armênios pareciam coabitar em boa harmonia (cf. JULIEN, 1993:20), o que continuou no século XI pela região.

Pelos séculos XI e XII, juntamente com o catarismo surgiram os trovadores que cantavam o amor e os valores cavalheirescos admirados naquela sociedade, tais como *pretz, paratge* e *convivência*. Grosso modo, *pretz* refere-se a manter a honra, o valor pela palavra empenhada, a defesa dos mais fracos. *Paratge* é a consideração pela dignidade e igualdade de todos os seres humanos, e *convivência* o respeito à opinião do outro e recusa à intolerância.

Num certo sentido a *paratge* foi ratificada em posturas legislativas de várias cidades occitanas pois os burgueses, que devido ao comércio e ao artesanato frequentemente eram mais ricos do que os senhores feudais, conseguiram "constituições cujo caráter já é democrático" (JULIEN, 1993:22). Essas disposições chegaram a abranger certa independência feminina: a filha solteira podia herdar e dispor os bens paternos, a viúva administrar os bens do falecido marido e as burguesas podiam trabalhar.

Especialmente no Languedoc formou-se uma sociedade próspera e mais aberta e tolerante do que o usual na época. Politicamente, o norte e o sul da França estavam relativamente isolados e falavam línguas diferentes: ali se falava a língua *d'oc,* de onde derivaram os nomes Languedoc e Occitânia, e ao norte a língua *d'oil.*

A Igreja católica romana era mais presente no norte do que no sul e a postura hegemônica do alto clero romano (cf. BLUM,1997:32) chocava-se com as posturas socialmente mais igualitárias, em especial com as liberdades femininas. Por outro lado, as mesmas características afinavam-se com o catarismo e contribuíram para sua difusão.

Assim, o catarismo desabrochou no Languedoc como um fruto da terra, embora enxertado com outras crenças que ali aportaram tais como o bogomilismo, um dos movimentos cristãos gnósticos inspirados pelo maniqueísmo.

Doutrina

Segundo PICAR (1989: 25), os bogomilios transmitiram aos cátaros elementos de uma doutrina espiritual que era uma espécie de síntese do gnosticismo cristão e do maniqueísmo, acrescido de certo cunho de revolta pela opressão feudal.

O maniqueísmo originou-se na Pérsia onde, a partir de uma revelação, seu fundador Mani (século III DC) retomou a religião dualista de Zoroastro, que versava sobre o eterno combate entre o Senhor Luminoso e o Senhor das Trevas. Associando-a com concepções filosóficas e espiritualistas da Caldeia, do Egito, da Grécia e da Índia, ele considerava o cristianismo como sendo a síntese de todas (cf. JULIEN, 1993:29).

Sua influência estendeu-se pelos séculos seguintes, chegando entre outros lugares à Bulgária, onde o bogomilismo nasceu no século X e se espalhou pelos Balcãs, Ásia Menor, França e

Itália. Seus ascéticos missionários viviam junto ao povo conduzindo campanhas de evangelização, e parece certo de que Nicetas - um bispo bogomilio, ou maniqueu segundo outros (NELLI,1972:54) - foi bastante influente no Concílio Cátaro em Saint-Felix-de-Caraman, perto de Toulouse, em 1167 ou 1172.

Porém, para além das influências externas, o catarismo criou a própria originalidade doutrinária a ponto de alguns pesquisadores o verem não como heresia e sim como uma vertente religiosa cristã com interpretação das Escrituras, práticas e liturgia próprias (cf. LOPES), posição refutada por outros.

Mas não temos dele um corpo doutrinário definitivo, a começar porque o próprio catarismo apresentou variações locais e ao longo do tempo (chega-se a falar em "catarismos"), e comportava vários níveis de entendimento, que seus pregadores adaptavam à compreensão dos ouvintes (cf. PICAR, 1989:97).

Restaram poucos textos originais cátaros tais como o *Tratado Cátaro de Bartolomeu* (1220/1225), inserido para ser refutado no *Livro contra Maniqueus*, o *Livro dos Dois Princípios* (de Jean de Lugio, cerca de 1240), o *Manuscrito de Dublin* (contendo a *Apologia Cátara* e *Glosa sobre o Pater*) e o *Ritual de Lyon*. Para pesquisar o catarismo é preciso recorrer a escritos de oponentes católicos e a documentos da Inquisição que, se por um lado são mais abundantes, por outro lhes são hostis e eventualmente distorcidos.

Sua teologia é fundamentalmente cristã e gnóstica, com vistas a uma prática que entendiam fiel ao cristianismo primitivo e uma leitura dualista e simbólica dos textos sagrados. Apoiava-se diretamente nas Escrituras, especialmente nos Evangelhos e principalmente no de João, e em textos gnósticos como *A Visão de Isaias* e *Interrogatio Johannis* ou *A Ceia Secreta*.

Para NELLI (1972:49), essa leitura dualista ressalta uma questão que se pode sintetizar em: como pode um Deus de amor e bondade permitir a existência do mal? Se o criador é perfeito, por que o mundo que criou também não é perfeito?

A resposta é: Ele não o criou. "Meu reino não é desse mundo" (João 18,36), disse Cristo. Assim, existem dois reinos distintos: o espiritual do Bom Deus e o terreno, criado por Satã, que os cátaros também chamavam de "deus estrangeiro".

Segundo A Ceia Secreta (cf. JULIEN,1993:44), o ser humano original foi emanado de Deus como uma entidade espiritual sem sexo, com alma e um corpo espiritual incorruptível, a túnica ou corpo de luz. Para se alçar ao nível de Deus, Satã criou toda matéria, inclusive os corpos físicos masculinos e femininos, com o objetivo de dominá-los e ter mais poder. Porém, para que tivessem vida precisava incutir-lhes almas e, como é incapaz de criá-las, Satã subjugou algumas e seduziu outras com promessas de prazeres se descessem à Terra.

As almas que aceitaram foram aprisionadas nos "corpos de barro" ou "corpos de esquecimento" de homens e mulheres; apenas seus espíritos imortais permaneceram no céu, podendo visitar os homens na Terra. Nas palavras de um inquisidor (SALOMÓ, 2018:51), os cátaros afirmavam que "... o espírito ia e vinha, não ficava sempre no homem e, portanto, que as imaginações, os sonhos, as reflexões e outros (fenômenos) que ocorrem na consciência operavam no homem pelo espírito, e que pela alma o homem somente tinha a vida".

Assim, nós somos uma mistura de alma divina e matéria diabólica, de luz e trevas, de Bem e Mal – os dois princípios característicos do dualismo - e estamos mergulhados num torpor que nos faz esquecer nossa origem divina, mas do qual é possível despertar pela gnose e pela graça divina.

Para PICAR (1989: 28), "gnose é um modo de abordagem esotérica das religiões", um processo intuitivo de conhecimento do divino que deve ser adquirido por vivência pessoal.

Deus nos submete à dor, à doença e à morte para que, indo "de túnica em túnica", isto é, renascendo de corpo em corpo, possamos nos desenvolver e desapegar da corrupção desse mundo. Esse desenvolvimento vai nos fazer tomar consciência de quem realmente somos: o gnosticismo "é a convicção da identidade divina do homem, e de que esta diz respeito tanto à sua proveniência quanto ao seu destino" (FIORILLO 2008:86).

Ou seja, quando lembrarmos de nossa procedência espiritual divina poderemos entender que estamos num mundo corrompido, mas que existe um mundo superior ao qual podemos retornar. Só então conseguiremos discernir claramente o Bem e o Mal e de fato escolher entre os dois; o livre arbítrio não nos é dado desde o início, é uma conquista a ser alcançada nesse processo.

Quem nos fortalece e mostra o caminho para a libertação é Cristo, entidade espiritual gloriosa manifestada no corpo puro de Jesus. Assim, os cátaros não veneravam a cruz, que para eles simbolizava apenas a crueldade humana tão presente nessa Terra de sofrimento e nesse corpo de prisão.

Apesar de ter sido comparado ao budismo em pontos como esse, para o catarismo acima de tudo a Terra é o local de transformação onde a Luz pode ser extraída da matéria. Há nele um forte sentido evolucionista e redentor, pois Satã é o príncipe deste mundo, mas no final dos tempos todas as almas criadas por Deus serão salvas e reencontrarão sua verdadeira natureza, o corpo de luz original.

Os cátaros entendiam que não estavam todos no mesmo nível espiritual nesse trabalho de ascensão progressiva de grau de consciência. Alguns estavam mais no início - os simpatizantes e crentes - e outros em graus mais avançados de purificação e consciência.

Iniciados e Crentes

Estes últimos formavam o clero cátaro, formado pelos *Bons Homens* e pelas *Boas Mulheres* (com as mesmas posições e obrigações), um pequeno grupo de iniciados que seguia rigorosas regras morais e práticas de ascetismo. Eles foram chamados de *perfeitos* nos documentos da Inquisição para diferenciá-los dos simples crentes, denominação que "constitui uma comovente homenagem do povo de Languedoc aos diáconos albigenses" (NIEL *apud* LOPEZ: 47).

Genericamente, todos – e parece que eventualmente até outros hereges - foram chamados de cátaros (palavra que vem do grego e significa puro) ou albigenses (referindo-se à região de Albi), ou mais comumente de hereges, mas eles mesmos se autodenominavam "cristãos" ou "verdadeiros cristãos" ou ainda "bons cristãos".

Os discípulos aspirantes ao clero deveriam passar por anos de formação antes de serem iniciados pela cerimônia do *consolament.* Nesse rito, eles se comprometiam a não mentir, não fazer juramentos, não ter relações sexuais, não matar pessoas nem animais, não comer carne (exceto peixes) e jamais trair sua fé mesmo sob ameaça de morte. Deveriam rezar o Pai Nosso antes das refeições e de outras atividades, trazendo sempre à mente a lembrança de Deus.

Em geral, ao estabelecer suas regras os cátaros simplesmente tiravam "da moral do Evangelhos consequências absolutas" (NELLI,1972:17), buscando um cristianismo puro e de raiz. Por exemplo, não fazer juramentos está em Mateus (5, 33): "Digo-vos que não devem jurar de maneira nenhuma"; não mentir está no Evangelho de S. João (8, 44) que afirma que o demônio "... é mentiroso e o pai da mentira".

Os membros do clero cátaro deveriam se sustentar e não viver às custas do povo (eram sapateiros, tecelões, moleiros...), pois "Se alguém não quiser trabalhar, não coma" (2TES 3:10), mas sem acumular bens.

Mesmo trabalhando eles também se dedicavam às práticas religiosas, doutrinação e assistência aos fiéis: eram curadores, educadores, árbitros e conciliadores de disputas, pois não acreditavam na justiça feudal comum, conforme as palavras de São Paulo (1 Cor. 6): "Ousa algum de vós, tendo algum negócio contra outro, ir a juízo perante os injustos...?" E, como preconizou Cristo em tantas passagens, em nenhuma hipótese poderiam usar violência; para os iniciados, a única forma de luta era o sacrifício próprio.

Já que o catarismo considerava imposições hierárquicas como coisas demoníacas, nem mesmo seus bispos e os dois auxiliares, chamados de Filho Maior e Filho Menor, tinham funções de autoridade além da que lhes era espontaneamente dada pelo povo. E, de fato, essa lhes era dada; de acordo com muitos registros da Inquisição (LE ROY LADURIE, 1997:437) era grande o respeito que se tinha pelo *Bom Homem*: "ele é puro, não mente, não come carne nem queijo, não se deita com mulheres, não toma o ouro nem o dinheiro de outrem".

Como a posição de *Bom Homem* ou *Boa Mulher* era uma honra que deveria ser merecida a todo instante, os perfeitos consideravam suas menores falhas mais graves do que as maiores dos iniciantes, que, por terem um grau menor de consciência, eram presas fáceis do demônio que induz ao erro.

Portanto, aos crentes e simpatizantes era pedido muito menos. Eles podiam comer carne e se casar, embora lhes fosse lembrado que logo que se sentissem prontos seria melhor renunciar a ambos. O casamento era considerado uma simples união humana sem sacralidade e os prazeres carnais as melhores armas de Satã para manter a alma presa à matéria e acorrentar outra alma pela concepção.

Os perfeitos entendiam que os votos de pobreza que seguiam deveriam vir de uma escolha pessoal sem imposições, e, ao contrário da Igreja romana, não censuravam aos crentes praticar empréstimos a juros, segundo NELLI (1972:19) também alicerçados em palavras de Cristo tais como em Mateus, 25,27: "Então você devia ter confiado o meu dinheiro aos banqueiros, para que, quando eu voltasse, o recebesse de volta com juros".

Ao mesmo tempo alertavam os fiéis contra o excesso de apego aos bens, à ganância e à avareza. Conforme arquivos da Inquisição, o mestre cátaro Jaques Authié (LE ROY LADURIE, 1997:153) pregava:

- "Com as riquezas que lhe dará Satã, você jamais estará satisfeito, qualquer que fosse a quantidade que delas possuísse. Aquele que possuir desejará possuir sempre mais. E você não terá descanso nem destino, pois este mundo não é do domínio da estabilidade; e tudo que Satã produz não faz mais que passar e destruir-se".

De acordo com os fundamentos de sua doutrina, devia-se procurar valorizar em si e nos outros mais a alma do que a matéria: o corpo, a posição social, o gênero. Assim, por outros motivos, mas sintonizado com a igualdade da paratge, o catarismo permitia que pessoas de todas as classes e gêneros chegassem a posições de liderança, e penetrou em toda a sociedade, dos mais humildes aos burgueses e famílias nobres.

Além disso, a ideia de que a alma que hoje habita o corpo de um homem poderoso em outra vida pode ter habitado o de uma mulher humilde ou vice-versa desestimulava preconceitos de qualquer tipo.

Apesar da misoginia da época, as mulheres eram valorizadas a tal ponto que a participação de Esclarmonde de Foix defendendo a causa cátara no colóquio entre eles e os católicos em Pamiers provocou protesto em um representante do outro lado: "Senhora, ide fiar vossa roca. Vós não podeis participar em um debate desse gênero" (SALOMÓ, 2018: 99).

O que se pedia aos crentes é que estivessem dispostos a se aperfeiçoar, a tratar o próximo com respeito, manter as virtudes básicas e fazer práticas como orar e participar de algumas cerimônias. Entendia-se que se procuravam os *Bons Homens* é porque já estavam no caminho da salvação.

Práticas e Cerimônias

Eles reafirmavam sua vontade de seguir esse caminho na cerimônia do *melhorament*, que se constituía em uma saudação ao *Bom Homem* na qual pediam a benção e manifestavam o desejo de serem ajudados a alcançar a liberação na hora da morte: "... conduza-me a um bom fim".

Mensalmente a comunidade confessava suas dúvidas e faltas e era doutrinada no rito do *aparelhament* (que tinha o sentido de igualar-se ou preparar-se), concluído com o beijo da paz.

Como parte das cerimonias ou simples ritual antes das refeições, faziam também a benção do pão, que depois compartilhavam não como corpo de Cristo, mas como símbolo de compartilhamento de bens espirituais. Todos os rituais eram realizados nas casas dos simpatizantes ou nas cavernas da região, pois entendiam que igrejas físicas eram desnecessárias.

Como purificação, para receber o *consolament*, e em ocasiões como antes da Páscoa, Natal e Pentecostes era feita a *endura*, palavra com raízes em "suportar" (SALOMÓ, 2018:103), ascese ligada a jejuar ou restringir alimentos. A Inquisição deturpou a *endura* como se fosse uma indução geral ao suicídio, mas ela foi levada ao extremo da morte por inanição por alguns *perfeitos* apenas para si mesmos e em situações excepcionais (BLUM,1997:133), como quando submetidos a opressões da própria Inquisição.

O *consolament* era a iniciação pela qual se chegava ao estado de *Bom Homem* ou *Boa Mulher*, sendo ao mesmo tempo batismo, ordenação e extrema unção. Nesse rito, primeiramente a comunidade pedia perdão por suas faltas e lavava as mãos indicando simbolicamente seu estado de pureza. O *Bom Homem* que conduzia a cerimônia fazia uma pregação, muitas vezes um comentário ao Pai Nosso, ao qual se dava uma interpretação dualista (NELLI,1972:72). A seguir, ele perguntava ao crente se tinha certeza de que queria ser iniciado e cumprir com tudo que isso implicava (razão pela qual o *consolament* não devia ser dado a crianças).

O neófito, que devia estar em estado de ascese, reafirmava ter plena consciência do desejo de se tornar um *Bom Homem*, o condutor colocava o Evangelho de João sobre sua cabeça e fazia-se uma imposição de mãos, o que entendiam ser uma transmissão do Espírito.

O Espírito aqui pode ser interpretado tanto como o Espírito Santo como o espírito individual que ficou no reino de Deus quando a alma decaiu (cf. SALOMÓ, 2018: 72/73) lembrando nisso a boda alquímica, o casamento místico da alma com o espírito. O próprio catarismo foi chamado de "religião do espírito" e o Pentecostes era uma de suas celebrações mais importantes.

Daí em diante entendia-se que o iniciado ficaria cada vez mais consciente da luz que portava em si mesmo e que, caso abjurasse ou fosse infiel a ela, estaria abrindo o mundo espiritual ao qual tivera acesso às forças do Mal. Nesse caso, além de prejudicar a si mesmo, todos os que tinha iniciado seriam maculados também.

Esse compromisso se revelou tão profundo que segundo BLUM (1997: 126) apenas dois ou três *perfeitos* abjuraram nos mais de cem anos em que foram submetidos às cruzadas e Inquisição. Enquanto as religiões convencionais se apoiam na obediência e na fé em escrituras sagradas, os gnósticos são "inclinados a ampliar os insights de seus fundadores por meio de sua própria experiencia" (HOELLER, 2005: 24), o que lhes confere uma espécie de certeza íntima.

Essa certeza interna dos grandes místicos cátaros se mostra nos inúmeros testemunhos colhidos pela Inquisição a respeito de sua sabedoria, serenidade, convicção e coragem ao preferir a tortura e a fogueira a renegar sua crença, mentir ou mesmo interromper sua pregação, pois a liberação que buscavam não era apenas para si mesmos.

As rigorosas exigências de castidade, coragem e asceticismo que se deveria cumprir após o *consolament* levavam muitos crentes a preferir recebê-lo apenas quando já estavam velhos, moribundos ou impossibilitados de ceder às tentações. Mas era muito valorizado, pois este ritual asseguraria sua salvação como se vê nas palavras de uma crente: "Os homens bons guardam os caminhos de Deus (...) só eles podem salvar as almas ...os curas não" (LE ROY LADURIE, 1997: 383).

Repressão: Cruzadas e Inquisição

No início do século XIII, o catarismo já tinha quatro bispados e estava em crescente expansão no Languedoc. Resolvido a detê-los, o Papa Inocêncio III enviou legados à região para converter e ao mesmo tempo espionar os habitantes. Um dos enviados foi Domingos de Guzman, que entre 1206 e 1207 percorreu o Languedoc pregando e fazendo debates públicos com *Bons Homens* como Guilhabert de Castres, o mais eminente de todos.

Notando como o povo admirava o clero cátaro e criticava o clero romano pela hipocrisia, pelas falhas de castidade, pelos dízimos e taxas que cobravam e pela opulência com que viviam, ele se impôs austeridades semelhantes às deles. O próprio Inocêncio III aconselhou seus monges e curas: "Vivam como os heréticos, sendo castos, puros e honestos como eles" (BLUM, 1997: 32).

Mas como nem assim Domingos obteve grande sucesso, deixou a região dizendo algo como "...onde não vale a benção, valerá o bastão" (BLUM, 1997: 45). Pouco depois fundou a Ordem dos Pregadores ou Ordem Dominicana, que conduziria os tribunais de Inquisição pelos séculos seguintes. Foi canonizado como São Domingos em 1234.

Em 1208, um legado do papa foi assassinado e acusaram um protetor dos cátaros, Raimundo VI, conde de Toulouse, de ser mandante do crime. O Papa convenceu o rei francês Felipe Augusto a autorizar o combate em suas terras e, em 1209, começou a Cruzada contra os Albigenses.

Foram contratados milhares de mercenários, que arcavam com a compra de seus equipamentos e víveres contando que seriam ressarcidos com os saques. O comando ficou a cargo do representante papal, o abade Arnaldo Amauri. Aparentado com uma família nobre de Narbonne e com interesses pessoais na guerra (BARROS, 2007:39), ele recusou a retratação do conde de Toulouse e a submissão do Visconde de Trencavel, senhor de Carcassonne, Béziers e Albi.

A primeira cidade sitiada pelos cruzados foi Béziers que, apesar de ter recebido ajuda de nobres da região, foi rapidamente invadida. Quando perguntaram ao abade como fariam para distinguir os cristãos romanos dos cátaros para poupar os primeiros, ele respondeu (BARROS, 2007:51): - "Matem todos! Deus reconhecerá os seus".

O massacre durou três dias. O abade Arnaldo escreveu ao papa vangloriando-se de ter tirado a vida de vinte mil pessoas entre homens, mulheres e crianças, que "não tiveram socorro divino nem ao refugiarem-se dentro da igreja". Antes considerados abrigos invioláveis, os cruzados não respeitaram as igrejas lotadas e apenas em uma delas queimaram oito mil pessoas.

O jovem visconde de Trencavel novamente quis negociar a paz e foi ao acampamento inimigo, recebendo garantia de salvo conduto segundo as regras de honra cavaleirescas, *o pretz*. Mas essas regras também não foram respeitadas, o jovem foi aprisionado e morto e Carcassonne invadida.

O abade ofereceu os feudos do visconde a vários nobres que recusaram, segundo BARROS (2007:59) por escrúpulos ligados às regras cavaleirescas feudais e à ingerência da Igreja ao destituir seus pares. Mas Simon de Montfort, um baronete do norte do país, aceitou sem hesitar, assim tornando-se Visconde de Béziers-Carcassonne e chefe da cruzada.

Auxiliado pelo abade, ele logo instalou dízimos pesados e tomou muitas cidades e castelos. Num deles mandou furar os olhos e cortar os narizes de mais de cem prisioneiros que foram instados a circular na região, crueldades possivelmente parte da guerra de terror para intimidar os nobres e o povo.

Em 1216 Simon tornou-se Conde de Toulouse, mas morreu em 1217 atingido por uma máquina de guerra "acionada por mulheres toulosianas" (JULIEN, 1993: 89), e a cidade comemorou cantando nas ruas: "O conde homicida e cruel está morto..." (BARROS, 2007:178).

Toulouse reconquistou certa liberdade por algum tempo, porém as sucessivas cruzadas causaram genocídios na região. Assim relata a Canção da Cruzada, composta no século XIII: "...Os barões, as damas, as crianças, os homens e as mulheres, despojados e nus, são passados a fio de espada... os corpos abertos e fendidos, despedaçados e espalhados jazem nas praças como se tivessem caídos em chuva. A terra está encharcada de sangue" (JULIEN, 1993: 89).

Em 1229 houve a rendição total do Languedoc, mas a pior repressão ainda não havia chegado. No mesmo ano, um concílio em Toulouse sistematizou o tratamento que a Igreja daria à heresia através da Inquisição.

Em resumo (JULIEN, 1993:94): os cátaros seriam procurados sistematicamente em cada aldeia, floresta ou gruta, e todos os seus abrigos destruídos. Os que recusassem abjurar sua fé poderiam ser condenados ao exílio, à prisão, ao emparedamento ou à fogueira.

Além disso, assim como seria feito com os próprios hereges, os que os ajudassem ou abrigassem teriam os bens confiscados e as casas queimadas; mesmo os mortos, se confirmadas as denúncias, seriam exumados, queimados e os herdeiros perderiam seus direitos. Os cátaros que abjurassem teriam de denunciar outros "que foram enganados como eles" e mesmo assim seriam excluídos de funções públicas, despojados dos direitos civis, não poderiam entrar nas igrejas e teriam que portar duas cruzes amarelas costuradas nas roupas, uma no peito e outra nas costas. Ninguém poderia possuir o Novo ou o Antigo Testamento em outra língua exceto o latim.

Um pouco mais tarde, afirma JULIEN (1993:95), foi acrescentado que "toda denuncia reconhecida como exata renderá ao delator uma importância em dinheiro durante vários anos", e em 1252 o papa Inocêncio IV introduziu a prática da tortura nos interrogatórios.

A Igreja romana procurou eximir-se da responsabilidade direta pelas medidas violentas repassando-as aos nobres e autoridades, mas sob o risco de serem excomungados (o que poderia lhes trazer sérias consequências pessoais e políticas) se não cumprissem suas orientações. E assim ela foi conseguindo reprimir o catarismo mais rapidamente do que a simples brutalidade das cruzadas havia conseguido anteriormente.

Mas ainda haveria uma resistência importante: a fortaleza de Montségur. Muito antiga, situada no alto de uma montanha de difícil acesso, a pedido da Igreja cátara foi reedificada por uma família nobre entre 1204 e 1207, seguindo certos alinhamentos solares de equinócios e solstícios (cf. BLUM, 1997:139).

Desde 1209 recebeu desabrigados e refugiados que passaram em fuga ou ali se alojaram, provenientes das perseguições e das revoltas contra os detestados algozes da Inquisição e das cruzadas. Havia fundidores, ferreiros, sapateiros, tecelões, carpinteiros; todos trabalhavam.

Usando rotas escarpadas para descer a montanha e prover víveres, o comando cátaro sustentava sua sobrevivência com ouro, prata e dinheiro vindos de doadores e de lucro das vendas (cf. BARROS, 2007:227). Em 1232, o quinto bispo cátaro Gilhabert de Castres (que já vimos debatendo com Domingos) ali se instalou e fez de Montségur a capital espiritual de sua Igreja, inspirando e organizando a vida comunitária.

Mas para a coroa francesa e a Igreja romana, aquela era a "cabeça do dragão" que deveria ser extinto. A partir de maio de 1243, Montségur foi sitiada por mais de dez mil combatentes orientados por um arcebispo.

Preparada, a fortaleza resistiu bem até o final do ano, quando um grupo de inimigos instalou uma catapulta e passou a bombardear a fortaleza com pesados projéteis de pedra. Daí em diante, no meio de um gélido inverno, com pouco víveres e muitos feridos, não era mais possível resistir.

No final de fevereiro os cátaros fizeram negociações com "os franceses", como eles os chamavam, pedindo o prazo de quinze dias para a rendição. Concedido o prazo, em 16 de março de 1244 cerca de 210 pessoas saíram de Montségur. Como todos recusaram abjurar sua fé, foram amarrados em estacas e queimados vivos no sopé da montanha.

Em 1960, nesse lugar ergueu-se uma estela com a inscrição: *Aos cátaros, mártires do puro amor cristão.* Mas ali ficou também uma questão: por que os sitiados pediram o prazo de quinze dias? Sem resposta conclusiva, temos apenas alguns indícios.

O dia 14 de março era equinócio de primavera, data celebrada pelos cátaros como também o fora pelos maniqueus, que simbolicamente associavam Cristo ao sol e à luz. Seria por esse dia que esperaram? Sabe-se que nessa ocasião muitos crentes receberam o *consolament,* preparando-se para o martírio.

Também se sabe que, a mando do bispo cátaro, no Natal de 1243 dois homens haviam escapado de Montségur levando "riquezas da Igreja cátara". Na noite precedente da rendição, igualmente por ordem do bispo, quatro crentes saíram da fortaleza escalando um caminho perigoso e levando "um bem extremamente precioso para a Igreja cátara" (BLUM, 1997:79). Há indícios da passagem deles por um castelo de Ariège, segundo JULIEN (1993:120) mas daí em diante já não há pistas.

Seria um objeto de culto usado na celebração do dia anterior, ou estaria relacionado com o que fora levado no Natal? Até hoje se especula sobre o que seriam esses tesouros, com hipóteses que vão do Santo Graal a manuscritos secretos ou simplesmente a riquezas em ouro e prata.

Depois da queda de Montségur, o catarismo declinou até desaparecer de vistas nas maiores cidades, e os crentes que fugiram para a Espanha, Itália e Inglaterra também foram perseguidos.

Mas ele ainda sobreviveu nas altas aldeias de Languedoc, até que, a partir de 1317, o bispo e inquisidor Jacques Fournier, mais tarde eleito Papa em Avignon sob o nome Bento XII, fez uma implacável caça aos hereges aliada a aumentos de taxas aos campesinos.

Nesses lugares que o bispo transformou em "aldeias das cruzes amarelas" por algum tempo o catarismo continuou forte mesmo quando era punido com a morte, prisão ou perda de bens, como se vê nesse depoimento dado à Inquisição (LE ROY LADURIE, 1997: 384):

"Uma mulher de Montaillou estava gravemente doente. Ela apresentou um pedido aos filhos:

- Por favor, busquem os homens bons, a fim de que salvem minha alma.

- Se formos buscar os homens bons perderemos todos os nossos bens (por causa da Inquisição), retrucaram os filhos à mãe.

- Então, conclui esta, preferem os seus bens à salvação de minha alma".

A rejeição ao clero romano subsistia, como se vê nas palavras de outra aldeã (LE ROY LADURIE, 1997:456):

- "Os padres roubam todos os bens dos homens. (...) para celebrar as missas, para fazer o que quer que seja, querem dinheiro; não vivem como deveriam: eis porque perderam o poder de absolver os pecados, os deles e os dos outros"

Já em relação aos Bons Homens, muitos pensavam como Guillaume Bélibaste (LE ROY LADURIE, 1997:405):

- "Só os homens bons seguem o caminho da verdade e da justiça seguido pelos apóstolos; eles não tomam os bens de outrem..."

Ao saber que um amigo deu dinheiro para a Igreja, ele exclamou (LE ROY LADURIE, 1997:452):

- "Pierre, você perdeu seu dinheiro! Teria feito melhor se o usasse para comprar peixe... As indulgências do papa custam caro e não valem grande coisa!".

Em 1321, Guillaume Bélibaste foi o último cátaro conhecido a ser queimado na fogueira. Nos anos seguintes ao genocídio, o Languedoc foi reduzido à colônia da coroa francesa (muitos veem as Cruzadas precisamente como uma guerra colonial), suas casas senhoriais foram eliminadas e a língua *d'oc* tornou-se um dialeto. Aquela civilização terminou - mas o catarismo, um dos elos de uma longa corrente iniciática, foi de fato extinto?

Legado

A guia do Museu do Catarismo de Mazamet colocou a biblioteca à minha disposição e disse:

- "O que resta dos cátaros são apenas as palavras que escreveram – pouquíssimas sobreviveram – e os depoimentos que deram, na maioria das vezes sob tortura, para a Inquisição".

Discordo. Certamente o catarismo nos moldes medievais acabou, mas, segundo os próprios gnósticos, não é porque o corpo morre que o espírito desaparece, e o espírito cátaro seguiu reencarnando ao longo dos séculos, como apontou NELLI.

Primeiramente pela boca do povo, que tantas vezes através do folclore e das tradições conserva verdades esotéricas reprimidas. Nas canções de gesta, nas histórias do Graal, na poesia dos trovadores, contos populares e lendas encontram-se valores e referências àquela civilização, aos *Bons Homens* e até à sua doutrina.

HOELLER (2005:153) afirma que o fundador dos rosas-cruzes, Christian Rosencreutz, vinha de uma casa cavalheiresca que seguia a fé catara por gerações; NELLI assegura (1972:126) que a antroposofia de Steiner apresenta "um catarismo modernizado".

A partir do século XVII, o interesse pelos cátaros ampliou-se e inúmeras obras literárias e de pesquisa passaram a tratar do assunto, tendência que cresceu muito no século XIX e exponencialmente no início do século XX. Em 1949, o antropósofo Déodat Roché fundou uma revista, logo depois a Sociedade de

Memória e Estudos Cátaros, e proporcionava uma espécie de retiro anual para quem quisesse aprender a doutrina e viver como os *perfeitos.* Mais adiante, um grupo de estudiosos e praticantes formalizou a hoje ativa Igreja Cátara da França (Catharisme d'au jourd'hui).

Um marco foi a publicação da pesquisa de Jean Duvernoy, O Registro de Inquisição de Jacques Fournier, e, no nível mais popular, o psiquiatra inglês Arthur Guirdham chamou atenção para o tema com um livro de sucesso, Os cátaros e a reencarnação (Ed. Pensamento, 1992). Nessa obra ele relata o caso de uma paciente que descreveu sua vida anterior no século XIII como cátara, dando detalhes que não tinham vindo a público e que foram confirmados em investigações.

Hoje, em torno do catarismo continuam brotando iniciativas que vão das mais consistentes ou místicas às mais fantasiosas, absurdas ou gananciosas; que vão de museus e centros de estudos a excursões new age e muito comércio. Principalmente Carcassonne e Montségur são inundados de pesquisadores e de turistas.

Que, como eu mesma, estão em busca dos cátaros.

Ou voltando a eles.

Uma lenda reza que um trovador profetizou ao ver a fogueira dos mártires de Montségur: - "Em setecentos anos o loureiro reflorescerá"; frase que está num poema de 1893 de autoria do occitano Teulié. Seja verdade ou lenda, seria uma alusão às almas cátaras renascidas ou aos ideais cátaros que talvez pudessem reflorescer a partir de 2021?

E por que não? Embora pregando a renúncia ao mundo, os *perfeitos* trabalhavam para transformá-lo: curavam doentes, ministravam justiça, ensinavam e davam exemplos de simplicidade, integridade e amor ao próximo.

O catarismo é um dos movimentos heterodoxos que alia a revolução espiritual à social e, como lembra NELLI (1972:23) antecipa evoluções libertadoras como os direitos femininos, a igualdade, a recusa ao preconceito, a não violência, as posturas democráticas, o respeito por todas as formas de vida.

Não admira que a maioria dessas heresias seja perseguida pelas religiões e sistemas autocráticos dominantes; ainda segundo NELLI (1972:23), "é por se saberem condenadas no presente que encarnam livremente uma certa forma de verdade futura".

Enfim, arrisco responder agora à minha questão inicial nesse texto: por que esses hereges ainda provocam comoção mais de 700 anos depois de terem sido dizimados?

Creio que é porque, conscientes ou não disso, percebemos que o espírito que os iluminou está vivo, quem sabe até dentro de nós mesmos. Espírito que, mais que reencarnar, apesar de toda opressão jamais deixou de se manifestar. Em 1947 foi recolhida essa prece cátara no Languedoc recitada por velhas camponesas em língua *d'oc* (JULIEN, 1993:197) que assim começa:

"Pai santo, Deus justo dos Bons espíritos, Tu que jamais te enganas, nem erras, nem duvidas, para que não experimentemos a morte no mundo estranho a Deus, pois não somos do mundo e o mundo não é nosso, dá-nos a conhecer o que conheces e amar o que amas."

Referências Bibliográficas

BARROS, M. N. A. (2007). Deus reconhecerá os seus. São Paulo: Ed Rocco,

BLUM, J. (1997). À la recherche des cathares. Paris: Ed. Du Rocher.

FIORILLO, M. F. (2008). Deus exilado. Rio de Janeiro: Civilização Brasileira,

GRANDJEAN, M. (2008). Ecrire l'histoire d'une héresie - Actes du Colloque Mémoire du Catharisme Mazamet, 12 et 13 mai 2007.

HOELLER, S. A. (2005). Gnosticismo: uma nova interpretação da tradição oculta para os tempos modernos. Rio de Janeiro: Record.

LE ROY LADURIE, E. M. (1997). Povoado occitânico. São Paulo: Companhia das Letras.

JULIEN, L. (1993). Os cátaros e o catarismo: do espírito à perseguição. São Paulo: Ibrasa.

NELLI, R. (1972). Os cátaros. Lisboa: Edições 70.

PICAR, M. (1989). Os Cátaros. Lisboa: Publicações Europa-América.

SALOMÓ, E. B. (2018). O catarismo na tradição espiritual do Ocidente. São Paulo: Publicações Civitas Solis.

Fontes Eletrônicas

CATHARISME D'AUJOURD'HUI, https://www.catharisme.eu

CHEMINS CATHARES, http://www.chemins-cathares.eu

LOPEZ, J. El Catarismo Albigense: https://www.academia.edu/42153202/Catharism_A_Medieval_Heresy

ROSA DE LIMA, P. (2019). Catarismo e memória occitana: uma discussão conceitual. https://www.academia.edu/39808839/Catarismo_e_mem%C3%B3ria_occitana_uma_discuss%C3%A3o_conceitual

SAN FULGENCIO, J. A. M. (2016). CÁTAROS: Una revisión doctrinal (de sus aspectos claves) y su influência en el arte del Midi francês. https://www.academia.edu/36521182/C%C3%81TAROS_Una_revisi%C3%B3n_doctrinal_de_sus_aspectos_claves_y_su_influencia_en_el_arte_del_Midi_franc%C3%A9s

VI

Nicolau de Cusa e a Tradição Hermética

William Davidans Sversutti e Wellington Douglas Ferreira

Nicolau de Cusa | Gravura de Pierre Adolphe Varin

A filosofia do cardeal alemão Nicolau de Cusa (1401 - 1464), nas palavras de Gadamer (1964), "é uma descoberta tardia de nossa consciência histórica"[1], uma vez que, durante muito tempo, tinha sido relegada ao esquecimento. Embora de alguma repercussão inicial, a obra do Cusano será recebida em toda a sua fecundidade apenas cento e cinquenta anos mais tarde[2] nos círculos italianos da Renascença, através da reflexão de autores como Giordano Bruno[3] e Leonardo Da Vinci[4], dentre outros. Em um primeiro momento, segundo Cassirer (2001, p. 82), à filosofia italiana de sua época Nicolau legara certas tendências que "apontavam para uma nova direção da concepção geral e para novos objetivos", ou seja, apresentava certa "convicção metodológica que partira do princípio de que todo conhecimento se define como uma medida; por conseguinte, estabelece no conceito de *proporção*, que carrega em si a condição da possibilidade de medir, o meio por excelência do conhecimento" (CASSIRER, 2001, p. 88). Desse modo, para Cassirer, a obra cusana adentra inicialmente no Renascimento sobretudo através de suas especulações filosófico/matemáticas -

1 Cf. NETO, José Teixeira. (2012). Nexus: Da relacionalidade do princípio à "Metafísica do Inominável" em Nicolau de Cusa. Tese (Doutorado em Filosofia), Universidade Federal do Rio Grande do Norte. Centro de Ciências Humanas, Letras e Artes. Programa de Pós-Graduação em Filosofia, Natal, p. 20.

2 CASSIRER, Ernst. (2001). Indivíduo e Cosmos na Filosofia do Renascimento. Trad. João Azenha Jr. e Mario Eduardo Viaro. São Paulo: Martins Fontes. p. 80.

3 O Nolano se refere a Nicolau de Cusa como o "inventor dos mais belos segredos da geometria" e "o divino Cusano". BRUNO, Giordano. (1988). A causa, o princípio e o uno. Trad. Attílio Cancian. São Paulo: Nova Stella editorial. p. 128. Sobre as relações entre o Nolano e o Cusano ver: H. VÉDRINE. L'influence de Nicolas de Cues sur Giordano Bruno, In: GANDILAC, M. de. (1976). Nicòlo Cusano agli inizi del mondo moderno, 211-223; Ver também: SECCHI, P. (2006). Del mar più che del ciel amante. Roma: Instituto Nazionale de stude sul Rinascimento.

4 Duhen discute a relação entre Leonardo da Vinci e Nicolau de Cusa na obra: DUHEN, Pierre. 1909. Études sur Lèonard de Vinci, ceux qu'il a lus et ceaux qui l' ont lu. Seconde série, Paris. pp. 99 ss. Cf. CASSIRER (2001, p. 86, nota 7). Cassirer afirma que Duhen demonstra em detalhe que "um grande número de problemas com os quais se ocupou Leonardo da Vinci, ele os recebeu diretamente das mãos de Nicolau de Cusa". (CASSIRER, 2001, p. 85).

que se fazem presentes em alguns de seus principais livros, como o *De docta ignorantia* (1440), o *De coniecturis* (1442) e o *De beryllo* (1458) - e de suas características humanistas, notadamente sua valorização do intelecto humano enquanto uma *imago dei*.

Pela aplicação de um simbolismo matemático aos problemas teológicos/filosóficos, Nicolau de Cusa alinhava-se à tradição mística cristã buscando, através de sua obra, uma "mística especulativa", mediante a qual, o livro que Deus escreveu "com seu dedo"[5] deveria ser pesquisado e decifrado "letra por letra" pelo ser humano. Ser humano esse que apresentava em seus livros como um "deus humano" e um "microcosmos" devido a uma grande influência do hermetismo em sua obra. Demonstrar essa influência será um dos objetivos do presente capítulo, percurso que, todavia, não está isento de certas dificuldades.

Interpretar a influência do hermetismo em autores medievais e renascentistas parte da dificuldade inicial de uma definição precisa do que seria o "hermetismo" nesse período[6]. A tradição hermética, tal como foi transmitida na Idade Média e recebida na primeira metade do século XV por Nicolau de Cusa (1401-1464), constituiu-se de escritos pseudoepígrafos como o *Liber de sex rerum principiis*[7], o *Livro dos vinte quatro filósofos*[8] e o *Asclé-*

5 Cf. Idiota, De sapientia, I, fol. 137.

6 Cf. EBELING, F. (2007). The secret history of Hermes Trismegistus. Hermeticism from Ancient to modern times. London: Cornell University Press, pp. 1; 2.

7 Ver: LUCENTINI, P., DELP, M. (eds) (2006). *De sex rerum principiis. Corpus Christianorum, Continuatio Mediaevalis*. Turnholti: Brepols.

8 Ver: LUCENTINI, P. (1999). (ed). El libro de los veinticuatro filósofos. Siruela. REEGEN, J. G. J. (2010). O Livro dos Vinte e Quatro Filósofos. Liber XXIV Philosophorum. Sapientiale Thomas Eboracencis. (2010). Fortaleza: Ed. UECE. HUDRY, F. (1997). Liber viginti quattuor philosophorum, Corpus Christianorum Continuatio Mediaevalis CXLIII, A. Hermes Latinus, III, Pars I. Brepols: Turnhout.

pio[9], cuja autoria era tradicionalmente atribuída ao sábio egípcio Hermes Trismegisto. Alguns estudiosos situam a origem desses ensinamentos em doutrinas greco-egípcias anteriores à era cristã, outros, em doutrinas do médio-platonismo, já na antiguidade tardia[10]. Atualmente, consideram-se duas classes principais de escritos "herméticos"[11]: os filosófico-religiosos, que tratam de um saber teórico, e os de natureza "operativa", que consistem em saberes sobre a magia, a astrologia e a alquimia.

De fato, algumas doutrinas filosófico-religiosas atribuídas a Hermes Trismegisto permitiram variadas analogias e aproximações culturais no decorrer da história. No caso da tradição de pensadores cristãos medievais, essas doutrinas foram transmitidas inicialmente sob a chave interpretativa de Lactâncio, como uma espécie de "preparação pagã para a revelação cristã"[12]. Mais tarde, no período do Renascimento, o sincretismo hermetista reapareceu de forma mais contundente mediante a assimilação direta de seus ensinamentos por parte dos pensadores cristãos.

Na primeira metade do século XV, a crescente cisão interna da cristandade e a iminente queda de Constantinopla motivavam Nicolau de Cusa a formular um projeto filosófico ecumêni-

9 Cf. COPENHAVER, B. (2000) Corpus hermeticum y Asclepio. Trad. Jauyme Pòrtulas y Cristina Serna. Madrid: Ediciones Siruela. Um mapeamento detalhado da difusão medieval do hermetismo filosófico e uma crítica ampla da presença do Asclépio nos autores do século XII se encontram em: LUCENTINI, P. (1992). L'Asclepius ermetico nel secolo XII. In: WESTRA, H.J. (ed.). From Athens to Chartres. Neoplatonism and Medieval Thought. Studies in Honour of Edouard Jeauneau. New York, Leiden, Köln, pp. 397-420; LUCENTINI, P. (2007). Platonismo, ermetismo, eresia nel Medioevo. Textes et Études du Moyen Âge, 4. Louvain: La-Neuve, pp. 71-105. Para uma lista completa dos escritos pseudo-herméticos da Idade Média, ver: LUCENTINI, P. (2001). I testi e i codici di Ermete nel Medioevo. Hermetica mediaevalia. Firenzi: Edizioni Polistampa.

10 Sobre o debate sobre a origem do hermetismo, ver: LIRA, Davi P. (2014). O batismo do coração no vaso do conhecimento: uma introdução ao hermetismo e ao Corpus Hermeticum. Recife: Editora UFPE. pp. 214-333.

11 Cf. FESTUGIÈRE, A.-J. (1991). Ermetismo e mistica pagana. Genova: Melangolo. pp. 33-34.

12 Ver, por ex.: Lactâncio. As instituições divinas, livro IV, cap. 6, que menciona a "profecia de Trismesgisto". LACTANTIUS. (2008). The divine institutions. Books I-VII. The fathers of the church. A new translation. The Catholic University of America Press. pp. 255-256.

co, fundado sob as noções de "conjectura" e "douta ignorância", que revalorizaria o mundo natural como uma aparição de Deus (*apparitio dei*) e o ser humano como sua imagem viva (*viva imago dei*). Cusa, nesse intuito, retomaria o interesse pela filosofia natural hermética, que proclamava no *Asclépio* o ser humano como um *magnum miraculum* e um "segundo deus". Para Cusa, uma vez que o conhecimento humano sempre permanecerá como uma *conjectura*, todas as religiões e filosofias teriam, por um lado, algo a contribuir - participando ao seu modo da divindade inefável como um de seus infinitos reflexos -, ainda que, por outro lado, nenhuma delas atinja a precisão de seu conhecimento. Nesse espírito ecumênico, Cusa proclamaria uma "única religião numa variedade de ritos" (*religio una in rituum varietate*)[13] e uma proposta de abertura ecumênica para as filosofias religiosas ditas "pagãs".

No presente capítulo, pretende-se demonstrar brevemente a importância e a influência das doutrinas consideradas "herméticas" na época sobre o pensamento de Nicolau de Cusa de modo geral. Espera-se, com isso, demonstrar sua relevância na assimilação e transmissão do hermetismo filosófico.

1. Nicolau de Cusa e o *Asclépio*

Em relação ao hermetismo medieval, é fato que o *Asclépio*, traduzido para o latim por Apuleio, circulou ininterruptamente desde que Lactâncio[14] considerou Hermes Trismegisto um pre-

13 Nicolau de Cusa. De pace fidei, VII, I, 6. Ver: NICOLAU DE CUSA. (2002). A paz da fé seguida da Carta a João de Segóvia. Tradução e introdução de João Maria André. Coimbra/Portugal: Minerva.

14 Lactâncio. As instituições divinas, Iv. 6-7, e Iv. 9. (LACTANTIUS, 2008, pp. 255-264). A primeira referência a Hermes Trismegisto na obra de Nicolau de Cusa se dá no primeiro escrito cusano integral que permaneceu para a posteridade, o Sermão 1 - In principio erat verbum, o que demonstra seu interesse precoce pelo hermetismo e uma inicial proximidade com a leitura de Lactâncio no âmbito do discurso voltado a demonstrar como os povos antigos concebiam a ideia do advento do Verbo divino. Cf. Sermo I, 11, 1-42. Cf. ARFÈ, P. (1999) The annotations of Nicolaus Cusanus and Giovanni Andrea Bussi on the Asclepius. Journal of the Warburg and Courtauld Institutes, LXII.

cursor do cristianismo, apesar da dura condenação a ele imposta por Agostinho de Hipona. Que Nicolau de Cusa dele teve conhecimento, atesta-o um dos mais valiosos manuscritos de sua Biblioteca em Kues, o *Códice de Bruxelas* (*Codex Bruxellensis*), considerado o mais antigo exemplar daquele texto[15]. Cusa provavelmente o adquiriu e o estudou profundamente[16] no período que antecedeu a redação de sua *A douta ignorância* (1440)[17] em que expõe os princípios fundacionais de sua filosofia. Como demonstraram os abrangentes estudos de Arfé[18] e D'Amico[19], será nessa obra que nitidamente se farão presentes as principais influências doutrinárias do *Asclépio*.

No *Livro I* de *A douta ignorância*, o nome de Hermes Trismegisto é mencionado pela primeira vez dentro da discussão sobre os "nomes divinos", tema herdado da teologia mística dionisiana. A impossibilidade de encontrar um nome específico para Deus

15 O manuscrito da biblioteca cusana data do século IX e contém os opúsculos filosóficos de Apuleio e o Asclépio de Hermes Trismegistus. É considerado por Lucentini (1995) o mais antigo exemplar do Asclépio. Ver: LUCENTINI, P. (1995). Glosae super Trismegistum. Un commento medievale all'Asclepius ermetico. Archives d'Historie Doctrinale et Littéraire du Moyern Age, LXII. Appendice. I codici dell'Asclepius, pp. 283-93 (285, n. 6); e também: VAN DE VYVER, E. (1964). Die Brüsseler Handschrifften aus dem Besitz des Nikolaus von Kues. Mitteilungen und Forschungsbeiträge der Cusanus-Gesellschaft, IV. pp. 323-335. p. 328.

16 O Códice de Bruxelas contém trezentas notas ao total e em torno da metade no Asclépio, demonstrando o grande interesse cusano naquela obra. Em sua maioria, as notas são de interesse filológico e correções ao texto. As notas ao Asclépio são em número de 144 e se dividem em notabilia (repetição do texto depois de "nota") e notas explanatórias contendo as observações do próprio Nicolau de Cusa indicam algumas de suas próprias preocupações filosóficas. A reunião dessas notas, precedida de um esclarecedor estudo de Pasquale Arfé pode ser encontrada em: NICOLAU DE CUSA. (2004). Cusanus-Texte. III. Marginalien 5. Apuleius. Hermes Trismegistus aus Codex Bruxellensis 10054 - 56. Herausgegeben und erläutert von Pasquale Arfé. Heidelberg.

17 Ver: NICOLAU DE CUSA. (2003). A douta Ignorância. Trad. João Maria André. Lisboa: Fundação Calouste Gulbenkian.

18 Cf. ARFÉ, P. (2001). Ermete Trismegisto e Nicola Cusano. In: LUCENTINI, P; PARRI, L; PERRONE, V. (Orgs.) Hermetism from late antiquity to humanism. Le tradizione ermetica dal mondo tardo-antigo all'umanesimo. Atti del Convegno internazionale di studi. Instrumenta Patristica et Mediaevalia, Napoli: Brepols; Cf. (ARFÉ, 1999).

19 Ver: D'AMICO, C. (2006). Nicolás de Cusa: lector del Asclepius y del Liber XXIV philosophorum. In: BUFFON, V; D'AMICO, C. (Orgs). Hermes Platonicus. Hermetismo y Platonismo en el Medioevo y la Modernidad temprana. Santa Fe: Ediciones UNL.

é, segundo Cusa, corretamente exposta por Hermes no *Asclépio*, uma vez que: "nenhum nome lhe é apropriado porque seria necessário chamar a Deus todos os nomes ou chamar tudo com o nome de Deus, na medida em que ele complica na sua simplicidade a totalidade das coisas"[20]. Hermes aparece nesse texto dentre aqueles sábios pagãos que acreditavam na unidade e simplicidade de Deus, superando a acusação de idolatria formulada por Agostinho.[21] Antes, o interesse cusano parece ser o de alcançar uma verdadeira compreensão da metafísica e da teologia herméticas e inseri-las na tradição de sábios que vislumbraram a "douta ignorância", princípio fundacional da concordância entre as filosofias místicas, pagãs e cristã[22].

Outros princípios fundamentais da filosofia cusana expressos em *A douta ignorância* que encontram respaldo no pensamento de Trismegisto seriam as doutrinas da inefabilidade divina e da "coincidência dos opostos" (*coincidentia oppositorum*)[23]. A inefabilidade divina seria justificada por Cusa no *Sermo XXIII,* 29 (*Domine, in lumine vultus tui*)[24] com a observação de que Deus é a "unidade na multiplicidade que está na própria unidade" e reforçada pela declaração do *Asclépio*: *"Tudo é um e una todas as*

20 Nicolau de Cusa, A douta ignorância, I, XXIV, 74-75. (NICOLAU DE CUSA, 2003, pp. 54-55). Cf. Asclépio, 20. (COPENHAVER, 2000, p. 212).

21 Cusa havia sido antecipado em sua "justificação" da idolatria hermética por Alberto Magno e Thomas Bradwardine, que já haviam visto que o pluralismo teológico de Hermes e outros filósofos era baseado em um profundo senso da realidade singular de Deus. Cf. (ARFÉ, 1999, p. 40).

22 Ver, por ex. Nicolau de Cusa, A douta ignorância, L. I, II, 5: "Este máximo, que na fé de todos os povos se crê, sem dúvida, ser Deus, esforçar-me-ei no primeiro livro por o investigar de modo incompreensível, para lá da razão humana, tomando como guia 'aquele que habita sozinho a luz inacessível"'. (NICOLAU DE CUSA, 2003, p. 5)

23 Para uma discussão fundamental sobre essa doutrina cusana, ver o Capítulo III: "Do máximo como unidade coincidencial dos opostos" de: ANDRÉ, João M. (1997). Sentido, simbolismo e interpretação no discurso filosófico de Nicolau de Cusa. Coimbra: Fundação Calouste Gulbenkian. Junta Nacional de Investigação Científica e Tecnológica. pp. 133-199.

 24 Cf. Nicolai de Cusa, Opera Omnia, XVI: Sermones I.

coisas" (*omnia unum esse et unum omnia*)[25]. Em relação à coincidência dos opostos, Cusa coloca que: "Hermes diz que todas as coisas, tanto animais como não animais, têm dois sexos, e é por esse motivo que diz que a causa de todas as coisas, isto é, Deus, complica em si o sexo masculino e o sexo feminino, cuja explicação via em Cupido e Vênus"[26]. Anteriormente condenada por Lactâncio, a bissexualidade divina seria, ao contrário, bem acolhida por Cusa, uma vez que concorda com a doutrina da *coincidência.* Essa última, ao combinar os opostos no infinito, seria uma forma de encaminhar o intelecto humano à intuição da divindade incognoscível, anterior a toda oposição, para além da razão que os trabalha necessariamente de modo disjuntivo. Sob essa perspectiva, Cusa elabora, na obra *A douta ignorância* e demais livros, diversas *conjecturas* matemáticas para expressar a ideia da *coincidência.* Um desses exemplos é o de um círculo finito cujo diâmetro, ao ser aumentado ao infinito, faz sua circunferência G-H coincidir com uma reta A-B[27]:

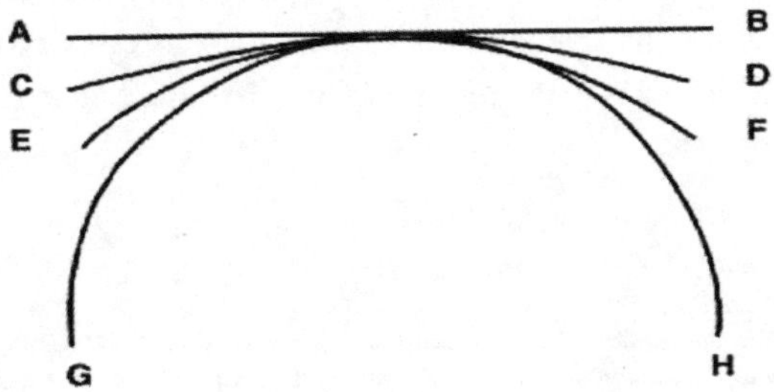

25 Cf. MORESCHINI, Claudio. (2011). Hermes Christianus: the intermingling of Hermetic piety and Christian thought. Belgium: Brepols Publishers. P. 122.

26 Nicolau de Cusa, A douta ignorância, I, XXV, 83. (NICOLAU DE CUSA, 2003, p. 60). Cf. Asclépio, 21. (COPENHAVER, 2000, p. 213).

27 Nicolau de Cusa. A douta ignorância, I, XIII, 35. (NICOLAU DE CUSA, 2003, p. 27).

É justamente na doutrina da *coincidência oppositorum* que Nicolau de Cusa foi mais mal interpretado por seus contemporâneos, como no episódio das acusações de heresia a ele dirigidas por João Wenck no opúsculo *A ignota literatura* (1443)[28] em que este evoca o próprio Hermes Trismegisto para associá-lo ao panteísmo[29]. Contra Wenck, Cusa responderá na *Apologia da douta ignorância* (1449) que tal mal-entendido se devia à dificuldade de apreensão das doutrinas místicas, que devem passar por um crivo de "iniciação", como os antigos sábios, como Hermes, diziam:

> Se observares os mais ilustres sábios da antiguidade, descobrirás que se precaveram maximamente para que os estudos místicos não caíssem nas mãos dos indoutos. Lemos que Hermes Trismegistus havia advertido Asclépio e Dionísio Areopagita a Timóteo, e sabemos que nosso Cristo isto também ensinou; ele proibiu que a pérola, que simbolizava o reino de Deus, viesse ser jogada diante dos porcos, nos quais não há intelecto. Da mesma forma, Paulo disse que não era permitido revelar as coisas que viu quando foi raptado deste mundo e elevado ao terceiro céu inteligível. Em todos esses casos, há apenas uma razão: quando esses assuntos não são entendidos, eles não apenas não produzem o fruto da vida, mas

28 Um panorama dos estudos sobre este debate pode ser encontrado em: SVERSUTTI, William D. (2021). João Wenck de Herrenberg contra Nicolau de Cusa: panorama de um debate filosófico renascentista". Scintilla, Curitiba, v. 18, n. 2, jul./dez.

29 João Wenck, A ignota literatura, 24, 19-25. Na primeira e mais grave acusação contra Nicolau de Cusa, Wenck assim demonstra a tese "panteísta" de A douta ignorância: "Todas as coisas coincidem com Deus. Isso é evidente, porque é o Máximo Absoluto, que não admite excedente e excedido. Portanto, nada se lhe opõe, e, por consequência, Deus - devido a ausência de divisão - é a totalidade das coisas, como diz Hermes Trismegisto. Portanto, também nenhum nome pode lhe convir propriamente, devido à ausência de uma denominação distintiva; pois a denominação se dá em virtude de uma determinada qualidade daquilo cujo nome é imposto. Cf. JOHN WENCK. (1988). De ignota litteratura. In: HOPKINS, J. (Comp. Trad.). Nicholas of Cusa debate with John Wenck. A translation and appraisal of De ignota literatura and Apologia doctae ignorantiae. Mineapolis: The Arthur J. Banning Press. p. 102. Trad. nossa.

vilipendiam e induzem à morte. (NICHOLAS OF CUSA, 1988, p. 46. Trad. nossa)[30].

Outra menção que Cusa faz ao *Asclépio* em *A douta ignorância*, mas agora no intuito de questioná-lo, é no capítulo em que trata sobre a "possibilidade", ou "matéria do Universo", em seu *Livro II*. Nessa passagem, sublinha a concordância de platônicos e hermetistas com os "nossos", que concebem a possibilidade como a "privação da forma" contrariamente à opinião daqueles que dizem que "do nada nada sai"[31]. Assim, Hermes considera "que a *yle* é a que nutre os corpos e a ausência de forma nutre as almas"[32] e "alguém, de entre os nossos, dizia que o caos havia precedido naturalmente o mundo e que havia sido a possibilidade das coisas e nele esteve aquele espírito informe no qual todas as almas são de modo possível"[33]. A essa concepção hermética/platônica, Cusa opõe a dos peripatéticos que diziam que "as formas eram na matéria somente de modo possível e que eram tiradas por uma causa eficiente"[34]. Porém, ambos, platônicos/hermetistas e peripatéticos, consideravam que "na possibilidade absoluta estava de modo possível a totalidade das coisas e essa possibilidade absoluta é ilimitada e infinita por causa da carência da for-

30 Nicolau de Cusa, Apologia da douta ignorância, 7. Cf. NICHOLAS OF CUSA. (1988). A defense of learned ignorance. In: HOPKINS, J. (Comp. Trad.). Nicholas of Cusa debate with John Wenck. A translation and appraisal of De ignota literatura and Apologia doctae ignorantiae. Mineapolis: The Arthur J. Banning Press. p. 46. Trad. nossa; Cf. Asclépio, I. (COPENHAVER, 2000, p. 199). Ver: Marginália cusana no Códice Bruxelense, 10055 - 56, fol. 17 (r): "nota quomodo caute antiqui sacra tractabant". Cf. NICOLAI DE CUSA. (2007). Apologia doctae ignorantiae. Opera Omnia. Issu et auctoritate academiae litterarum heidelbergensis ad codicum fidem edita, V. II. In aedibus Felicis Meiner. p. 5.

31 Cf. (D'AMICO, 2006, p. 195).

32 Nicolau de Cusa. A douta ignorância, II, VIII, 134. (NICOLAU DE CUSA, 2003, p. 96). Cf. Asclépio, 14. (COPENHAVER, 2000, p. 208).

33 Cf. Santo Agostinho, De genesi contra Manicheos, I, 5. Cf. Thierry de Chartres, Tractatus de seplem diebus; Lectiones in Boethii librum De Trinitate, n, 10 e Glossa super Librum Boethii De Trinitate II, 18. Cf, (NICOLAU DE CUSA, 2003, p. 96. Nota 60).

34 Nicolau de Cusa. A douta ignorância, II, VIII, 135. (NICOLAU DE CUSA, 2003, p. 96).

ma"[35]. Eles não anteviram, assim, a novidade da filosofia cusana que estabelecia que, contra a regra da douta ignorância, "chegar-se-ia assim ao mínimo e ao máximo nas coisas susceptíveis de mais e de menos, o que é impossível". Por isso, conclui Cusa que: "a possibilidade absoluta em Deus é Deus, mas fora dele não é possível. Pois nunca pode ser dada alguma coisa que seja em potência absoluta, porque todas as coisas para além do primeiro são necessariamente contraídas."[36]. A novidade de sua filosofia natural seria, portanto, atrelar a impossibilidade de se dar o absoluto na esfera da criação à impossibilidade de um centro e uma circunferência absolutas para o Universo. Cusa demarcava-se, desse modo, tanto da cosmologia finitista aristotélico-ptolomaica como da concepção de matéria enquanto "possibilidade absoluta", presente nas filosofias antigas.

Poder-se-ia considerar que uma das influências verificáveis do *Asclépio* no pensamento de Nicolau de Cusa se dá no âmbito da antropologia. Ela pode ser rastreada, conforme D'Amico (2006, p. 196), na assimilação dos conceitos de "*nexo entre Deus e mundo*" e sua relação com as noções de "*microcosmos*" e "*segundo deus*". A doutrina do *nexus dei et mundi*[37], desenvolvida nos parágrafos 6 a 10 do *Asclépio*[38] dá suporte à teoria cusana da "encarnação do verbo" no *Livro III* de *A douta ignorância*. Quando Cusa explicita a natureza intermediadora de uma natureza singular humana, a de Jesus Cristo, entre Deus e o Universo, é porque a humanidade constitui uma "natureza média",

35 Nicolau de Cusa. A douta ignorância, II, VIII, 135. (NICOLAU DE CUSA, 2003, p. 96).

36 Nicolau de Cusa. A douta ignorância, II, VIII, 135. (NICOLAU DE CUSA, 2003, p. 96).

37 Segundo Arfè (1999, pp. 45-46), a noção de "homo nexus Dei et mundi" também foi encontrada no Asclépio por Alberto Magno. E Cusa, no fólio 19r do Manuscrito de Bruxelas, na margem da famosa passagem que celebra o homem como um "magnum miraculum", escreve: "Rogo que notes bem quão belos são" ("nota bene, rogo, pulchra sunt ista").

38 Cf. (COPENHAVER, 2000, pp. 202-206).

que conecta o inferior ao superior[39]. Ela seria, pois, a mais apta a receber a encarnação divina uma vez que: "complica a natureza intelectual e a natureza sensível e reúne tudo em si, pelo que os antigos a chamaram com razão 'microcosmo', ou seja, pequeno mundo."[40].

A noção cusana de "microcosmo" resulta da reunião no ser humano de todo o Universo, segundo a fórmula hermética da "reunião dos quatro elementos", ou ainda, da "reunião do sensível e do inteligível", em consonância com a noção de "nexo entre Deus e mundo" (*nexus dei et mundi*)[41]. Esse *nexus* se dá na dimensão criativa da natureza humana que, segundo André (1999, p. 19)[42], implica numa abertura para o divino, motivo que faz Cusa proclamar em *De coniecturis* (1442) que o ser humano é o "criador do mundo conjectural, assim como Deus o é do mundo real"[43]. É nesse sentido que deve ser entendida sua afirmação sobre o ser humano ser um "microcosmo":

> O ser humano é, com efeito, Deus, ainda que não absolutamente, porque é homem. É, portanto, um deus humano. É também um mundo, mas não é contraidamente tudo, porque é humano. O ser humano é, portanto, um microcosmo ou um mundo humano. A região da humanidade compreende, pois, na sua potência humana, Deus e o Universo. (NICHOLAS OF CUSA, 2000, p. 236. Trad. nossa)[44].

Na filosofia cusana, portanto, a liberdade da criação das *conjecturas*, vértices da criatividade racional, é o que move a hu-

39 Nicolau de Cusa. A douta ignorância, III, 3, 197. (NICOLAU DE CUSA, 2003, p. 197).

40 Nicolau de Cusa. A douta ignorância, III, 3, 197. (NICOLAU DE CUSA, 2003, p. 197).

41 Cf. (D'AMICO, 2006, p. 198).

42 ANDRÉ, João Maria. (1999). O homem como microcosmos. Da concepção dinâmica do homem em Nicolau de Cusa à inflexão espiritualista da antropologia de Ficino. Philosophica, 14, 7-30.

43 Nicolau de Cusa, As conjecturas, I, 1, 5. NICHOLAS OF CUSA. (2000). De coniecturis (On surmises). Trad. Jasper Hopkins. The Arthur J. Banning Press, Minneapolis. p. 164. Trad. nossa.

44 Nicolau de Cusa, As conjecturas, II, 14, 143.

manidade a buscar filosoficamente pela natureza divina, num movimento de retorno a Deus, e a "criar a si mesmo". Segundo André (1999, p. 19), o ser humano, ao criar as conjecturas sobre Deus, "cria a sua humanidade, explicando-se a si próprio, sendo que através dessa explicação, o universo termina também, por encontrar o seu sentido". Nesse mesmo contexto, a ideia de um *segundo deus* reaparece na obra *De beryllo* (1458), diretamente relacionada ao nome de Hermes e ao *Asclépio*:

> Em quarto lugar, adverte que Hermes Trismegisto disse que o ser humano é um *segundo deus*. Pois assim como Deus é criador dos entes reais e das formas naturais, do mesmo modo o ser humano é criador dos entes racionais e das formas artificiais, que não são senão similitudes de seu próprio intelecto, da mesma forma que as criaturas são similitudes do intelecto divino. Daí que meça o seu intelecto pela potência das suas obras e, a partir daí, meça o intelecto divino como a verdade é medida pela imagem. E esta é a ciência enigmática. Tem, porém, [o ser humano] um olhar sutilíssimo através do qual vê que o enigma é enigma da verdade, para saber que esta é a verdade que não é representável em nenhum enigma. (NICHOLAS OF CUSA, 1998, p. 794. Trad. nossa)[45].

D'Amico (2008, p. 200) chama a atenção para o fato de que no *Asclépio 10*[46], nomeia-se o mundo como "primeira imagem e segundo deus" e o ser humano como "segunda imagem e terceiro deus". Em referência a essa passagem, Cusa escreve numa nota marginal: "nota de que modo [o ser humano] é deus a partir de Deus" (*nota quomodo deus de deo*), de modo que se pode concluir que o termo "segundo deus", atribuído por Cusa a Hermes "mais parece concordar com sua própria posição acerca das consequências de o mesmo ter sido criado à imagem de

45 Nicolau de Cusa. O berilo, 7. NICHOLAS OF CUSA. (1998). De beryllo (On intelectual eyeglasses). Trad. Jasper Hopkins. The Arthur J. Banning Press, Minneapolis. p. 794. Trad. nossa.

46 Cf. (COPENHAVER, 2000, p. 205).

Deus". A grande novidade da antropologia cusana, antecipando em alguns aspectos o discurso de Pico Della Mirandola sobre a dignidade humana[47], seria a transferência da "omninomeabilidade" de Deus - que Cusa reconhece tanto na tradição hermética como na dionisiana -, ao próprio ser humano que, como uma "imagem viva" da divindade, *complica e explica* o Universo em si humanamente, podendo "ser um anjo ou uma besta humana", "um leão ou um urso humano", bem como qualquer outro ente do Universo, pois "na potência da humanidade todos os seres existem segundo o seu modo particular"[48].

Por fim, pode-se constatar, com Arfè (2001, p. 230) e D'Amico (2006, p. 183), que Nicolau de Cusa não somente tinha conhecimento do aspecto filosófico-religioso do hermetismo, mas também dos textos de natureza "operativa". Isso o demonstra a longa lista de textos astrológicos, mágicos e alquímicos em sua biblioteca[49], como as obras de Albumazar (*Codex Haarlem 3631*) e obras como o *Septem tractatus* e o *Centiloquium*[50]. A magia do *Asclépio*, inserida no discurso sobre a analogia entre a criatividade divina e humana, sempre lhe foi fonte de admiração.[51] Porém, a ciência da astrologia, em sua opinião, sempre permanecerá no âmbito da *conjectura* pois nenhuma verdade associada ao âmbito do "máximo contraído" atinge a precisão da verdade.

47 PICO DELLA MIRANDOLA, G. (1942). De hominis dignitate. E. Garin (ed.), Firenze: Valechi Editore, pp. 105-107. Cf. (ANDRÉ, 1999, p. 19).

48 Nicolau de Cusa, As conjecturas, II, 14, 143. (NICHOLAS OF CUSA, 2000, p. 236. Trad. nossa).

49 Cf. FLASCH, K. (1998). Nikolaus von Kues. Geschichte einer Entwicklung. Vorlesungen zur Einführung in seine Philosophie, Klostermann, Frankfurt am Main. pp. 321-322.

50 Cf. MARX, J. (1905). Verzeichnis der Handschriften-Sammlung des Hospitals zu Cues bei Bernkastel a. Mosel, Selbstverlag des Hospitals, Trier. pp. 187; 198.

51 À margem dos Capítulos 23-24 do Asclépio, relativa à "magia das estátuas", escreve o cusano: "Quomodo sicud deus creator deorum celestium ita homo fictor deorum qui in templo sunt". No folio 28r, outra nota confirma a faculdade mágica do homem: Nota: sicud deus creat deos eternos ad sui similitudinem ita humanitas ad sui similitudinem. Cf. (ARFÉ, 2001, p. 230)

2. Nicolau de Cusa e o *Liber XXIV Philosophorum*: a conjectura da "Esfera Infinita"

Uma das principais doutrinas pseudo-herméticas contidas no Liber XXIV philosophorum cuja apropriação pela filosofia cusana representará uma novidade revolucionária é a de sua definição II: "Deus é uma esfera infinita cujo centro está em toda parte e a circunferência em lugar nenhum"[52]. A imagem da "esfera infinita" reaparece[53] na Idade Média através do *Liber XXIV philosophorum*[54], atribuída ao grande sábio pagão da antiguida-

52 Liber XXIV philosophorum, II: Deus est sphaera infinita cuius centrum est ubique, circunferentia nusquam.

53 A imagem da "esfera infinita" remonta às origens da filosofia. Mondolfo (1968, pp. 332-333) considera que os germens da representação do cosmos como uma "esfera infinita" já estavam presentes nas teogonias de Hesíodo e Órfica. Porém, a representação da infinitude em correlação com a forma esférica apareceria somente na cosmologia pré-socrática. Em Anaximandro, o cosmos (limitado) vem a constituir o centro esférico de uma mais vasta realidade universal. Essa circularidade se prolonga nos milesianos e nos pitagóricos ilimitadamente para além deste, com seu "continente infinito", chamado ápeiron periékon, que "(...) tendo o cosmos como núcleo central, não possui limites periféricos, estendendo-se por todas as partes interminavelmente" (MONDOLFO, 1968, p. 333). Arquitas de Tarento foi quem de tal extensão, igualmente interminável em toda direção, deu a demonstração mais expressiva. Mais tarde, entre os epicuristas, Lucrécio retomará o mesmo exemplo. O procedimento dessa demonstração, segundo Mondolfo (1968, p. 334), seria "um proceder, a partir de nosso centro de observação, ao longo dos raios infinitos que, em direção centrífuga, podem ser traçados em toda direção". Segundo Mondolfo, (1968, p. 342), também em Parmênides, o Ser "possui igual força para a luta em todas as partes, a partir do centro; já que não pode ser nem mais forte nem mais débil aqui do que ali. Posto que não se dá não-ser que o detenha em seu avançar em direções iguais (distâncias do centro); nem se dá ser de maneira que tenha aqui mais e ali menos ser, visto ser um todo absolutamente inviolável. Empédocles, retomando de Parmênides e fazendo sua a concepção da esfera, igual em cada uma de suas partes e única existente, era levado a declará-la explicitamente "infinita em cada parte". Para uma história ampla da "imagem da esfera infinita", ver: MAHNKE, D. (1966). Unendliche Sphäre und Allmittelpunkt. Stuttgart: Friedrich Frommann Verlag; e: MONDOLFO, R. (1968). O infinito no pensamento da antiguidade clássica. São Paulo: Mestre Jou.

54 Segundo Reegen (2010, p. 17), essa obra aparece na Idade Média sob diversas denominações: De causa prima, Liber de Maximis com comento, Liber de Monade, Libellus de diffinicionibus Dei philosophorum et theologorum, Liber de Deo, Diffiniciones de deo eiusdem Hermetis, Proposiciones Trimegisti e Definitiones enigmaticae.

de: Hermes Trismegisto[55]. Esse livro, contendo vinte e quatro definições sintéticas sobre a pergunta "O que é Deus?" (*Quid est Deus*?), aparece pela primeira vez no *Comentários aos livros do Gênesis* e *Êxodo* de Mestre Eckhart[56] e remonta, segundo alguns autores, a uma antiga tradição grega, opinião baseada no conteúdo das duas primeiras definições, em que Deus é simbolizado matemática e geometricamente como "Mônada" (*definição I*) e como "Esfera infinita" (*definição II*). A hipótese revisada de Françoise Hudry (2011)[57] é a de que a provável fonte dessa "metáfora da esfera infinita" seria Fílon de Alexandria, que dá "uma ideia do infinito ser de Deus comparando-o com o imensurável céu esférico"[58]. O platônico convertido ao cristianismo Mário Vitorino seria, em sua opinião, o provável compilador das 24 definições do *Liber*. Tais definições provavelmente fariam parte dos "livros dos platônicos" (*quidam libri platonicorum*) que receberam a censura de Santo Agostinho[59]. A viva reação de Agostinho contra as imagens daqueles textos poderia, segundo

55 Reegen (2010, p. 39) afirma que a atribuição do Liber inteiro a Hermes Trismegisto é encontrada a partir do séc. XIV e deve ser vista como uma tentativa de integrá-lo na cultura cristã, uma vez que Hermes é considerado um "pagão amigo", que possui um conhecimento imperfeito da Trindade. Essa posição parece ter sido assumida pela maioria dos teólogos do século XIII, com exceção de Tomás de Aquino, que salvaguarda o caráter pagão das sentenças, ressaltando a sua origem na filosofia grega pré-cristã. Bertholdo de Moosburgo atribui o Liber a Hermes, no mesmo sentido que o faz Tomás. Segundo Lucentini (1999, p. 40), as atribuições a Hermes não são coincidentes, pois numa parte dos manuscritos, o Liber é atribuído a Hermes e, em outra, é anônimo ou atribuído a filósofos e teólogos da Antiguidade como Empédocles e Proclo, Calcídio e até Alano de Lille.

56 Mestre Eckhart. Expositio Libri Genesis, 2, 2, n. 155 (LW 1.2, p. 191, 18); Expositio Libri Exodi, 16, 18, n.91 (LW 2, p. 95, 1-2). MEISTER ECKHART. (1961). Lateinische Werke Band 1,1. I. Prologi in Opus tripartitum, Expositio Libri Genesis, Expositio Libri Exodi secundum recensionem Codicis Amploniani Fol. 181 (E). II. Prologi in Opus tripartitum. III. Expositio Libri Genesis. IV. Liber Parabolarum Genesis. Stuttgart: Kohlhammer.

57 HUDRY, Françoise. (2011). Le Livre des vingt-quatre philosophes et les méfaits de la sphère. In: Adorare caelestia, Gubernare terrena. Atti del colloquio internazionale in onore di Paolo Lucentini (Napoli, 6-7 Novembre 2007. A cura de Pasquale Arfé, Irene Caiazzo, Antonella Sannino. Brepols.

58 Fílon de Alexandria, Quis rerum divinarum heres sit, 229. Cf. HARL, M. (1966). (ed.). O'Euvres de Philon'Alexandrie, v. 15, Paris. pp. 278-279.

59 Santo Agostinho. Confissões, VII, IX, 13-15. SANTO AGOSTINHO. (1984). Confissões. De magistro. Os Pensadores, São Paulo: Abril Cultural. p. 115.

Hudry (2011, p. 27), ter exercido influência sobre a recepção medieval do *Liber*, como o demonstra a leitura que dele faz Alano de Lille[60]. Assim como Agostinho, Alano teme e recusa qualquer imagem concreta aplicada a Deus, mesmo que por analogia. Essa recusa explicaria por que foram sobretudo as *definições I* e *II* do *Liber* atribuídas a Trismegisto[61].

Nicolau de Cusa apresenta uma leitura profunda dessa obra[62], especialmente da imagem pseudo-hermética da esfera infinita da *definição II* e a incorpora grandemente em sua filosofia,

60 De acordo com Hudry (2011, p. 27), um sinal manifesto desse mal-estar nos é dado desde o aparecimento do Liber na Idade Média, pela completa reviravolta que Alain de Lille traz ao significado da imagem da esfera divina da sentença II. Em seu Sermão sobre a esfera inteligível, Alano substitui o adjetivo "infinita" por "inteligível" (intelligibilis).

61 Santo Agostinho desacredita as imagens dos quidam libri platonicorum com os mesmos termos de São Paulo (Rm. 1:23) pelos quais ele estigmatiza em outros lugares Hermes Trismegisto, fato que, segundo Hudry (2011, p. 41), o cônego agostiniano Alexandre Nequam poderia ter notado ao atrelar o nome de Trismegisto com o Liber. Segundo Hudry, todo este trabalho de adaptação filosófica foi golpeado com suspeita de panteísmo, e só foi usado indiretamente, lançando-o de volta ao paganismo sob o nome de Hermes Trismegisto. Hudry conclui que: "isso explicaria as tribulações do Liber ao longo do tempo e por que tão poucos autores correram o risco de aprofundar a riqueza filosófica e teológica de um texto que Santo Agostinho teria rejeitado parcialmente." (HUDRY, 2011, pp. 41-42. Trad. nossa).

62 Grande parte das doutrinas das vinte e quatro sentenças do Liber XXIV philosophorum pode ser rastreada no pensamento cusano, conforme as doutrinas contidas nas definições destacadas por González Ríos (2020, p. 96): a compreensão da unidade de Deus através do conceito de monas, da definição I; a imanência e transcendência do princípio, que se expressa, como notamos, na imagem da "esfera infinita" da definição II; a consideração de Deus como "aquilo do qual nada maior pode ser pensado", no caso da definição V; a abundância e suficiência do princípio, que está acima do que é, conforme indicado pela definição XI; a consideração de que Deus é o único que vive na intelecção de si mesmo, segundo a definição XX; o caminho da negação, que, entre outros, acontece na definição XVI, e, finalmente, a definição XXIII: "Deus é aquele que é conhecido pela mente somente pela ignorância" (Deus est qui sola ignorantia mente cognoscitur), que, segundo Ríos, "expressa o próprio coração da maior doutrina da ignorância, que Nicolau de Cusa sintetiza no título do capítulo 1 do Livro I do De docta ignorantia". Cf. RÍOS, J. G. (2020). La imagen de la sphaera infinita del anónimo Liber xxiv philosophorum en la maxima doctrina ignorantiae de Nicolás de Cusa. Palabra y Razón. Revista de Teología. Filosofía y Ciencias de la Religión. nº 18. Diciembre, pp. 89-104.

provavelmente através da influência de Mestre Eckhart[63]. Essa imagem figura como uma *conjectura* capaz de levar o intelecto à contemplação do Deus imanente e transcendente que está "dentro e fora de tudo" e percorrerá todo o percurso de *A douta ignorância*. No *Livro I*, Cusa traz, em primeiro lugar, a infinitização do "círculo" como uma *conjectura* apropriada para revelar alguns dos atributos divinos em conexão com sua doutrina da *douta ignorância*:

> Todas estas coisas mostram o círculo infinito, sem princípio nem fim, eterno, sumamente uno e capaz de abraçar tudo de um modo indivisível. E porque tal círculo é o círculo máximo, o seu diâmetro é também o máximo. E porque não pode haver vários máximos, é esse círculo tão uno que o diâmetro é a circunferência. Na verdade, um diâmetro infinito tem um ponto médio infinito. Ora, o ponto médio é o centro, é, pois, evidente que o centro, o diâmetro e a circunferência são a mesma coisa. Com isto se instrui a nossa ignorância de que o máximo é incompreensível e que a ele não se opõe o mínimo, mas antes, nele, o centro é a circunferência. Vês assim de que modo todo o máximo está perfeitissimamente den-

63 Cf. BRIENT, E. (1999). Transitions to a Modern Cosmology: Meister Eckhart and Nicholas of Cusa on the Intensive Infinite. Journal of the History of Philosophy, Volume 37, Number 4, October, pp. 575-600. p. 579. De acordo com Gonzalez Ríos (2020), Nicolau de Cusa conhece, provavelmente, a versio comunis do Liber XXIV philosophorum. Segundo Poulet, (1959, p. 264), em seu Itinerarium Mentis ad deo, São Boaventura já havia dito: "Uma vez que Deus é eterno e absolutamente atual, ele abrange todas as durações e existe simultaneamente em todos os seus momentos, como seu centro e circunferência. E como é infinitamente simples e infinitamente grande, está completamente dentro de tudo e completamente fora de tudo; e é por isso que existe uma esfera inteligível, cujo centro está em toda parte e a circunferência em nenhum lugar." Em Eckhart, essas duas fórmulas: "Deus est totus in quilibet sui (definição 3) e "Deus est simplicissimus et maximus, ideo totus intra omnia e totus extra omnia", fundem-se e assumem um significado mais radical. Diz Eckhart (Archiv für Literatur und Kirchengeschichte des Mittelalters, t. 2, 1886, p. 571): In divinis quodlibet est in quolibet, et maximum in minimo, et sic fructus in flore. Ratio, quia Deus, ut ait sapiens, est sphaera intellectualis infinita, cujus centrum est ubique, cum circumferentia nusquam, et cujus tot sunt circumferentiae, quot puncta [...] Sic Deus est totus in qualibet creatura, in una, sicut in omnibus. Nas coisas divinas, "tudo está em tudo e o máximo no mínimo, assim como os frutos na flor". Essa fórmula eckhartiana se tornará a própria base da filosofia de Nicolau de Cusa e terá uma imensa influência posterior sobre Leonardo da Vinci e Giordano Bruno. Cf. POULET, Georges, (1959). Le symbole du cercle infini dans la litterature et las philosophie. In: Revue de metaphysique et de morale, 64/3, pp. 257-275. Ver também: (MAHNKE, 1966, pp. 76-106, 144-158, 169-176) e WACKERZAPP, Herbert. (1962). Der Einfluss Meister Eckharts auf die ersten philosophischen Schriften des Nikolaus von Kues (1440-1450). Münster, pp. 140-151.

> tro de tudo o que é simples e indivisível, porque é centro infinito; que está fora de tudo e tudo envolvendo, porque é circunferência infinita; e que penetra tudo, porque é diâmetro infinito; é o princípio de tudo porque é centro; o fim de tudo porque é circunferência; o que dá o ser porque é centro; o que governa porque é diâmetro, o que o conserva porque é circunferência. E assim sucessivamente. Apreendes assim, pelo intelecto, como o máximo não é idêntico a nada nem de nada é diferente e como tudo é nele, a partir dele e por ele, porque é circunferência, diâmetro e centro. (NICOLAU DE CUSA, 2003, p. 48).64

Nesse primeiro movimento do texto, Cusa busca extrair algumas das simbolizações encontradas na imagem do "círculo infinito", atribuída a Deus. Nota-se que ele as remete à sua doutrina da coincidência dos opostos, à transcendência-imanência divinas e ao apofatismo dionisiano, de sorte que se vê na afirmação paradoxal de um "círculo infinito" contrastarem mutuamente os dois motivos opostos da "limitação" e da "infinitude"[65]. Mais adiante, no *Capítulo XXIII*, Cusa retomará essa perspectiva a partir da imagem da esfera, concluindo que:

> Vemos agora claramente, sendo o máximo como a esfera máxima, que ele é a única medida sumamente simples e adequada de todo o universo e de tudo o que existe no universo, porque nele o todo não é maior que a parte tal como a esfera não é maior que a linha infinita. Deus é, pois, a razão simplíssima de todo o universo. (NICOLAU DE CUSA, 2003, p. 53).[66]

64 Nicolau de Cusa. A douta ignorância, I, XXI, 64-65.

65 Consoante às palavras de Mondolfo (1968, p. 346), tal simbolização deve ser concebida como "um processo sempre aberto, do qual a mente reconhece sua impotência para alcançar um termo; ou então, no esforço de fechá--la completamente num termo conclusivo, a mente devia achar-se sempre diante de um resíduo, sem o qual não podia pôr-lhe nenhum limite". Essa imagem hermética que evidencia a coincidência seria, portanto, na visão cusana, perfeita na tarefa de encaminhar a mente à visão mística da simplicidade divina.

 66 Nicolau de Cusa. A douta ignorância, I, XXIII, 72.

Entretanto, a imagem da "esfera infinita" irrompe por completo com maior ênfase no *Segundo livro*, onde Cusa leva essa metáfora às últimas consequências, transferindo-a para o âmbito do Universo, ou "Máximo contraído". Na ótica de Blumenberg (1985, pp. 491-492)[67], o conjunto formado por uma nova fundamentação metafísico-gnosiológica, uma antropologia humanista e tal renovação cosmológica constituiria o "tripé" filosófico com o qual o teólogo especulativo Nicolau de Cusa "encaminharia ao fim o período medieval".

Cusa estabelece, em primeiro lugar, uma distinção entre o "máximo absoluto" (Deus), e sua "contração" (universo). Aquilo que encontra seu princípio em si mesmo (Deus), ele define como infinito "negativamente", na medida em que lhe é negada qualquer contração ou determinação.[68] O Universo é definido como "infinito" na medida em que é ilimitado, pois não é determinado por coisa alguma em ato, apenas pelo "máximo absoluto", que, como se viu no *Livro I*, é centro e circunferência de tudo. Desse modo, é infinito "privativamente", no sentido de que "está privado de limites nos quais possa ser encerrado", uma vez que se apresenta como uma epifania da infinidade divina, uma unidade espraiada ilimitadamente no espaço e no tempo[69]. Todas essas considerações depreendem-se do princípio metafísico da douta ignorância:

---

67 BLUMEMBERG, H. (1985). The legitimacy of the modern age. The MIT Press. Segundo Brient (1999, pp. 590-591, nota 51), Mahnke (1966) também considera que: "do espírito do misticismo matemático nasce aqui a cosmologia moderna e exata, ou pelo menos um conhecimento que lhe é fundamental: o da extensão infinita e sem centro do mundo estrelado" e Karsten (1975), por outro lado, apresenta um argumento convincente de que a nova visão de mundo do século XVI, muitas vezes tida como resultado da revolução copernicana e da nova ciência, na verdade tem seu fundamento em uma mudança anterior no eu dos homens e na compreensão do mundo, e que a própria revolução copernicana foi, antes de tudo, possibilitada pelas novas possibilidades perceptivas e intelectuais abertas pela reflexão mística e especulativa da Idade Média tardia sobre a natureza do infinito e da perspectiva. Cf. KARSTEN, H. (1975). Comments on the history of a metaphor. Journal of the History of Philosophy, V. 13, N. 1. The Johns Hopkins University Press, January. pp. 5-15.

68 Cf. (RÍOS, 2020, p. 97).

69 Cf. (BRIENT, 1999, p. 591).

> E não se chega em algum gênero, mesmo de movimento, ao máximo e ao mínimo, de modo simples. Por isso, é impossível que a máquina do mundo tenha esta terra sensível, o ar, o fogo ou qualquer outro elemento como centro fixo e imóvel, considerados os vários movimentos das esferas. Não se chega, pois, ao mínimo, de modo simples, como o centro fixo, porque é necessário que o mínimo coincida com o máximo. Por isso o centro do mundo coincide com a circunferência. E, por conseguinte, o mundo não tem circunferência. Na verdade, se tivesse centro, teria circunferência, e, assim, teria dentro de si o seu início e o seu fim, e ele seria delimitado relativamente a alguma outra coisa e fora do mundo haveria outra coisa e outros lugares. Todas essas coisas carecem de verdade. Por isso, como não é possível que o mundo seja fechado entre um centro corpóreo e uma circunferência, o mundo é ininteligível e o seu centro e circunferência são Deus. E embora o mundo não seja infinito, contudo, não pode ser concebido como finito, porque está privado de limites entre os quais esteja encerrado. (NICOLAU DE CUSA, 2003, p. 112).[70]

Como consequência da impossibilidade do absoluto se dar no âmbito do contraído, Nicolau de Cusa demonstra a impossibilidade de um centro físico absoluto. Dessa impossibilidade, segue-se que não pode haver circunferência absoluta. Em todo caso, há apenas um centro metafísico: Deus, que é o centro da Terra, das esferas fixas e de tudo que compõe o universo. E como Deus é um centro absoluto, segundo a imagem da "esfera infinita", é *coincidência* entre centro e circunferência, sendo todas as coisas no modo da complicação (*complicatio*) e nenhuma delas no modo da explicação (*explicatio*)[71]. A novidade de sua imagem

70 Nicolau de Cusa. A douta ignorância. II, 11, 156.

71 Cf. Nicolau de Cusa. Apologia da douta ignorância, 25.

de universo não foi possível aos "antigos" (da *via antiqua*?)[72], pois não compreendiam o princípio da douta ignorância:

> Os antigos não chegaram ao que já dissemos porque lhes faltou a douta ignorância. Para nós já é claro que a terra se move de verdade ainda que isso não nos apareça assim. Efetivamente, não apreendemos o movimento a não ser por uma certa comparação com um ponto fixo. Se alguém não visse as margens, estando num navio no meio da água, como teria a percepção do movimento do navio? Por isso, porque a alguém que quer esteja na terra, quer no sol, quer em outra estrela, parece sempre que está no centro como que imóvel e que todas as outras coisas se movem, estabelecerá continuamente, decerto, polos, sempre diferentes, se estiver na Lua, em Marte e assim sucessivamente. A máquina do mundo será, pois, como se tivesse o centro em toda parte e a circunferência em parte alguma, porque a sua circunferência e o seu centro são Deus, que está em toda parte e parte alguma. (NICOLAU DE CUSA, 2003, p. 116).[73]

Na passagem supracitada, Cusa demonstra sua concepção de perspectiva, aliada ao que podemos caracterizar como um "princípio de relatividade"[74]. O "omnicentrismo" cusano problematiza, desse modo, a tradicional concepção aristotélica de mundo que colocava a Terra no centro de um cosmos finito fechado em seu extremo pela esfera das estrelas fixas. Nessa perspectiva, onde quer que alguém estivesse, de fato, acreditaria estar no

72 Nessa passagem talvez Nicolau de Cusa se refira à via antiqua, isto é, aos acadêmicos seguidores do albertismo ou tomismo, isto é, a via realistarium, que em sua época disputava espaço com a via moderna, de nominalistas e pensadores que se desprendiam de uma denominação acadêmica, como Nicolau de Cusa. Sobre essa discussão no século XV, ver: HOENEM, M. J. F. M. (2003). Via antiqua and Via moderna in the Fifteenth Century: Doctrinal, Institutional, and Church political factors in the Wegestreit. In: FRIEDMAN, R. I, NIELSEN, L. O. (eds.) The Medieval Heritage in Early Modern Metaphysics and Modal Theory, 1400-1700, pp. 9-36.

73 Nicolau de Cusa, A douta ignorância, II, XII, 162.

74 Sobre este tema da relatividade em Nicolau de Cusa, ver: HARRÉ, R. (1999). The Redundancy of Spacetime: Relativity from Cusa to Einstein. In: AERTS, D., BROEKAERT, J., MATHIJS, E. (eds.). Einstein Meets Magritte: An Interdisciplinary Reflection on Science, Nature, Art, Human Action and Society 1. Netherlands: Springer.

centro do cosmos. Não é de surpreender, portanto, que Cusa encontre na metáfora hermética da esfera infinita a conjectura apropriada para também descrever a infinidade extensiva do próprio universo. Essa metáfora é ainda mais significativa quando considerada a partir da sua infinitização "intensiva". Segundo Brient (1999, p. 591, ss.), quando Nicolau de Cusa considera o "centro metafísico" do Universo que "está em toda parte", tem em mente uma combinação de infinito "extensivo" e "intensivo", de modo que não somente marca uma mudança decisiva da tradicional imagem do mundo medieval, mas também anuncia uma mudança em seu valor: o cosmos e todas as suas partes adquirem uma nobreza em si mesmos, já que, na interminável multiplicidade de naturezas individuais, encontra-se o reflexo da infinidade. Através de uma unidade relacional infinita (Universo), a infinidade de Deus se faz intensivamente presente na criação, o todo em cada parte[75], perscrutando o interior de cada um dos microcosmos.

Considerações Finais

No presente capítulo, a partir de uma breve revisão da literatura, consideramos os principais aspectos das possíveis influências daquilo que se poderia denominar "hermetismo" no pensamento de Nicolau de Cusa. Ainda que atualmente saibamos da natureza pseudepígrafa de diversos textos medievais atribuídos ao sábio Hermes Trismegisto, notou--se que Cusa teve uma imensa abertura para os ensinamentos herméticos "subterrâneos" de seu tempo, como foi o caso do *Liber XXIV philosophorum*. Do *Asclépio*, texto principal do Hermetismo medieval, Nicolau de Cusa retira inspiração para sua antropologia e filosofia natural e

75 Cf. Liber XXIV philosophorum, definição 3: "Deus est totus in quodlibet sui." (REEGEN, 2010, p. 66).

nele vê ecos do apofatismo da teologia mística, que constituiria para este filósofo o elo entre as diversas filosofias religiosas capaz de encaminhar os conflitos de sua época à concórdia. Do *Liber*, retira a imagem pela qual seu pensamento operará sua principal revolução, a cosmológica.

Conclui-se, portanto, que o hermetismo filosófico perpassa diversas áreas da filosofia cusana, como sua metafísica, gnosiologia, antropologia e cosmologia. Essas influências devem ser grandemente consideradas para a compreensão de seu pensamento como um todo. À posteridade, o Cusano relega tais aproximações com a tradição hermética, transmitindo-as ao período da Revolução Científica, principalmente mediante seu mais famoso "discípulo", Giordano Bruno. Assim, pode-se considerar que o hermetismo, via Nicolau de Cusa, figura como uma das influências que desembocariam no fim do período medieval e na construção da orientação científica do mundo moderno mediante uma nova imagem de Universo.

VII

"A mais perfeita e principal ciência": a magia como meio de compreensão do mundo. (Séculos XV-XVI)

Francisco de Paula Souza de Mendonça Júnior

Tyche (Fortuna) de Antióquia. Cópia romana de mármore, baseada na original de bronze de Eutychides, 300 DC.

Um elemento fundamental para compreender o que movia os humanistas dos séculos XV e XVI é a relação deles com a *Fortuna*. Essa ideia associava-se com a imagem da deusa romana de mesmo nome, a quem se atribuía grande poder sobre os destinos humanos graças à sua imprevisibilidade. Capaz de alçar alguém à máxima glória ou à destruição com um meneio, os humanistas buscaram meios para evitar seus perigos. Conforme aponta Quentin Skinner (1996: 15), a habilidade entendida como capaz de neutralizar os riscos da *Fortuna* seria a *Virtù*, compreendida como a capacidade de moldar seu próprio destino e, assim, adaptar o mundo social aos seus interesses.

Enquanto Santo Agostinho entendia que o ser humano somente poderia alcançar a *virtus* através da intervenção divina, Petrarca defendia que tal qualidade estava ao alcance humano por meio de uma educação adequada, ou seja, de tipo clássico. Para esse italiano, a *virtu virtutis* seria a conjunção de todas as virtudes singulares (justiça, equidade, liberalidade, amor, firmeza, estabilidade, constância, força e desdém pelo efêmero) com a virtude da fé cristã (SKINNER, 1996). Uma vez que a *Virtù* estava ao alcance humano, a sua busca deveria ser o objetivo central de uma vida plena.

Esse cultivo da *Virtù* através de uma educação à maneira clássica, passou por uma redescoberta interpretativa de Cícero, entre outros. Essa reinterpretação, que teve como pedra angular a invenção humanista de uma crítica documental a partir de um viés diacrônico, pautou-se pela ideia ciceroniana de que a educação deve dotar o indivíduo de uma *vir virtutis* que lhe capacite atuar diretamente na vida e não apenas contemplá-la (SKINNER, 1996).

Conforme Charles Nauert (2006: 256-257), a ferramenta por meio da qual se poderia construir a *Virtù* em um indivíduo era o *Studia Humanitatis*, ou seja, um programa de estudos que incluía gramática, retórica, poesia e filosofia moral, além do estudo dos autores latinos clássicos. Ao contrário do "mestre universitário" medieval, cujo conhecimento é fruto de uma reflexão contemplativa, o humanista apresentou-se como um tipo de filósofo ativo, ou seja, que busca conhecer o mundo para nele atuar (GARIN, 1991: 125). Falamos então da passagem de um modelo de *vita contemplativa* de tipo escolástico para a busca por uma *vita activa*. E, para atingir tal ideal, esse novo indivíduo deveria estar devidamente municiado das ferramentas adequadas.

Se o medievo apresentava, em linhas gerais, dois modelos educacionais – um para o aristocrata e outro para o clérigo –, o Quattrocento italiano inaugurou um modelo novo, pautado pela universalidade. Para que se construísse a Virtù necessária para domar a Fortuna, um indivíduo deveria estar pronto para lidar com sua imprevisibilidade. Isso somente seria possível na medida em que fosse capaz de antever seus meneios ou prontamente reagir a eles. Como aponta Eugenio Garin (1991: 126), esse novo tipo de filósofo buscava penetrar a fundo a realidade natural através de todos os meios disponíveis: interrogar as estrelas, dissecar os seres vivos, ditar as leis da cidade para construí-la, curar a melancolia e a loucura. Esse era o único caminho possível para se domar a Fortuna.

Nesse sentido, Skinner (1996: 119) aponta o surgimento da percepção de que um indivíduo devidamente capacitado seria capaz de transformar o mundo natural conforme sua vontade, ao menos em certo nível. A busca por essa possibilidade desembocaria no *magus* humanista, dedicado ao conhecimento esotérico como ferramenta para deslindar os liames ocultos que moviam a natureza e assim colocar tais segredos ao seu serviço. Podemos dizer então que a magia humanista, ao menos em certos casos, tornou-se uma extrapolação da *Virtù* como a qualidade por excelência para lidar com a *Fortuna*.

Concordando com Garin (1994: 33), a magia tornar-se-ia uma extrapolação da filosofia natural, na medida em que a primeira permitiria a atuação no mundo por meio do conhecimento obtido através da segunda. O *magus* rejeitaria a simples contemplação; ele buscaria sempre intervir, dando, então, à magia humanista um caráter profundamente empírico. Esse empirismo originou-se também no esgotamento da capacidade explicativa da física aristotélica, dando espaço para a adoção de doutrinas de natureza mágica, percebidas como capazes tanto de fornecer explicações acerca da origem e do funcionamento do mundo natural, bem como de ferramentas para intervir e manobrar a ordem cósmica. Portanto, *magii*, astrólogos e alquimistas estavam à frente de várias iniciativas empíricas de compreensão e atuação no mundo naquele momento.

A proeminência da figura do *magus* entre os humanistas teve origem na importância do empirismo e da universalidade para eles. Em sua busca por ferramentas para compreender como atuar no mundo natural, eles davam cada vez menos importância para as fronteiras entre os saberes, ampliando assim o leque de instrumentos possíveis. Em verdade, como aponta Skinner (1996), o *uomo universale* nasceria justamente dessa abolição de limites. E, uma vez mais, afirmamos que o *magus* pode ser compreendido como a melhor imagem dessa universalidade buscada pelos humanistas.

Um exemplo do que descrevemos acima pode ser visto na figura do florentino Marsilio Ficino, que se interessou igualmente por platonismo, neoplatonismo, medicina e hermetismo (GARIN, 1991: 133). Inclusive foi graças a ele que este último ocupou um lugar de destaque nessa magia humanista. É bem conhecido o episódio no qual Cósimo di Medici encomendou a ele a tradução de um manuscrito do *Corpus Hermeticum* que havia obtido de um monge. Terminada em 1464, essa tradução foi peça fundamental para que a crítica agostiniana ao hermetismo perdesse força e tal conhecimento adquirisse grande popularidade entre os humanistas (YATES, 1995). A razão disso reside na natureza da mensagem hermética, segundo a qual todo ser humano possui uma fagulha de divindade em si, como uma forma de divinizá-lo e colocá-lo como centro e medida de todas as coisas. Essa retomada de uma divindade esquecida ainda reconectaria o ser humano ao Criador, igualando-os em certa medida.

Discípulo de Ficino, Giovanni Pico della Mirandola foi ainda mais ousado nessa busca por municiar o ser humano de meios de domar a natureza, somando ao hermetismo e à astrologia de seu mestre uma cabala habilidosamente cristianizada. Dessa forma, o ser humano seria "capaz de plasmar o próprio rosto", ou seja, construir seu próprio destino em um mundo em constante movimento. Portanto, a magia humanista não se eximiu de buscar por possibilidades as mais variadas, ainda que tivesse no hermetismo, na cabala cristã, na astrologia e na alquimia seus pilares mais sólidos.

É importante fazer alguns apontamentos ao falarmos da cabala nesse contexto. Apesar de arrogar grande antiguidade, a verdade é que sua origem pode ser traçada até o século XII, em terras espanholas. Seus textos fundacionais seriam o *Sefer Yetzirah*, o Livro da Criação, e o *Zohar*, o Livro do Esplendor. Alguns temas são centrais e recorrentes em ambos os textos, bem como nas discussões e prática cabalística. Uma ideia importante é a de que a cabala seria uma doutrina secreta transmitida por Deus a Moisés, encarregando-o de transmitir tal sabedoria aos seus discípulos mais dignos, criando assim uma linha de sucessão e transmissão cabalística. Outro elemento fundamental é a centralidade do hebraico como ferramenta de poder, uma vez que seria justamente a pronúncia e a sonoridade desse idioma que permitiria a realização dos prodígios. Indo além, os efeitos seriam gerados pela pronúncia e uso dos nomes de Deus, os *sefirots* ou sefirás. O conjunto desses nomes comporia o nome secreto de Deus, bem como seriam manifestações diretas das qualidades divinas. Essa cabala praticada pelos *magii* humanistas associava os sefirás não apenas às estrelas fixas e aos planetas, como também aos anjos (YATES, 1988: 100-101, 108). O anjo presente na magia humanista, como aqueles com os quais lidava Johannes Trithemius em suas estratégias de comunicação secreta mágica, foi justamente uma forma amalgamada do *daemon* hermético, dos sefirás cabalísticos e de uma percepção cristã pessoalizada do anjo (MENDONÇA JÚNIOR, 2020: 106-108)

As definições que a documentação apresenta sobre a magia são muito eloquentes acerca de como esses homens a consideravam uma ferramenta fundamental para que uma pessoa fosse capaz de atuar no mundo natural. O dramaturgo napolitano Giambattista della Porta assim a definiu:

> Essa magia, dotada de uma considerável potência, abunda em mistérios ocultos, e faz conhecer as coisas que jazem no seio da natureza, com suas qualidades e suas propriedades: é o ápice de toda filosofia. (Giambattista DELLA PORTA, 1562: 1)

O alemão Cornelius Agrippa von Netteshein, por sua vez, definiu-a da seguinte maneira.

> A Magia é uma faculdade de maravilhosa virtude, cheia dos mais nobres mistérios, contendo a mais profunda contemplação das coisas mais secretas junto à natureza, ao poder, à qualidade, à substância e às virtudes delas, bem como o conhecimento de toda a natureza, e elas nos instrui acerca da diferença e da concordância das coisas entre si, produzindo assim maravilhosos efeitos, unindo as virtudes das coisas pela aplicação delas em uma em relação a outra, unindo-as e tecendo-as bem próximas por meio dos poderes e da virtudes dos corpos superiores. [...] Essa é a mais perfeita e principal ciência, a mais sagrada e sublime espécie de filosofia e, por fim, a mais absoluta perfeição de toda a excelentíssima Filosofia. (Heinrich Cornelius AGRIPPA VON NETTESHEIM, 1550: 80)

Em ambos os excertos fica claro que tais autores não fazem nenhuma diferenciação entre a magia e outros campos do conhecimento humano de então; na verdade magia e filosofia são igualadas. Lembremos que para tais indivíduos a magia seria a dimensão prática da filosofia, sua faceta atuante no mundo. Outra ideia que podemos apontar é a de que o funcionamento e o movimento da natureza repousariam em um conjunto de relações ocultas aos olhos despreparados.

Independentemente de quais sejam os alicerces explicativos, esses *magii* humanistas acreditavam que o mundo se movia em razão das relações simpáticas e antipáticas presentes em toda parte da criação, sob forte influência neoplatônica. De acordo com o hermetismo, o Criador teria delegado a criação de todas as coisas a um Demiurgo por ele mesmo criado. Este, por sua vez, criou as sete esferas planetárias, através das quais produziu todas as coisas. Esse processo teria deixado marcas por todo o mundo criado, aproximando as coisas e os elementos da esfera planetária responsável por sua criação[1]. Assim se explicava, por

1 Uma síntese da cosmogonia hermética pode ser encontrada em YATES, Frances. *Giordano Bruno e a tradição Hermética*. Ver capítulo II.

exemplo, que se associassem os assuntos lascivos a Vênus e os temas da violência a Marte. Para além de relações de simpatia e antipatia com os corpos celestiais, os elementos do mundo também apresentavam tais relações entre si, que de certa forma espelhavam as relações entre os mundos sublunar e supralunar.

O historiador Antoine Faivre, em seu basilar esforço de pensar o esoterismo como objeto acadêmico, apresentou um conjunto de qualidades que demarcariam um fenômeno como esotérico ou não. Não entraremos na discussão de todas as críticas feitas a tal modelo, ainda que estejamos cientes delas, mas o apresentamos como um modelo para compreender o funcionamento do pensamento mágico humanista. Conforme Faivre (1994: 12-14), um fenômeno esotérico possuiria quatro características intrínsecas, podendo possuir também duas não-intrínsecas.

Assim, a primeira dessas características seria a Correspondência, bem traduzida pelo adágio hermético que diz "o que está acima é como o que está embaixo", ou seja, o mundo supralunar reflete o mundo sublunar assim como macrocosmo está contido no microcosmo; essa conexão só é possível porque a Natureza é Viva [segunda característica], o que quer dizer que uma energia, um mesmo princípio criativo corre por toda sua extensão, tornando-a interconectada. Dentro dessa lógica, somente seria possível lidar com ela por meio de um órgão especial capaz de apreender o cenário acima descrito. Falamos da Imaginação [terceira característica], sendo ela não apenas capaz de apreender a Natureza Viva, mas de criar as Mediações (orações, encantamentos, amuletos e meios de contatar seres divinos) necessárias para atuar nela. Por fim, tudo isso conduziria à Transmutação [quarta caraterística] do *magus*, fazendo que se transcendesse à mundanidade e acessasse o divino.

Quanto às características não-intrínsecas, a primeira seria a ideia de que todas as tradições esotéricas derivariam de uma tradição primordial, marca da influência do perenialismo em Faivre; e a segunda, a Transmissão, indicaria que tais conhecimentos somente seriam acessíveis através da mediação de um iniciado, ou seja, implicaria na necessidade da relação entre mestre e discípulo.

Portanto, para que o *magus* gerasse seus efeitos prodigiosos, deveria mobilizar adequadamente todo um emaranhado de relações simpáticas. Caso fosse capaz de tanto, poderia manuseá-las tal qual a *lira da bracchio* de que falou Ficino, e assim extrair do universo a canção que melhor lhe aprouvesse.

É essa a imagem que della Porta evocou ao descrever o *magus*.

> Tal personagem pesquisa as causas dos primórdios e dos primeiros elementos das coisas, e expõem aos olhos de todos as riquezas maravilhosas que daí proveem; ele indica a ligação recíproca e a conjunção dos elementos, de onde proveem a fonte das causas e de onde deriva seu fim ou sua morte. (Giambattista DELLA PORTA, 1562: 2)

Contudo, engana-se quem pensa que tal conhecimento e capacidade tornava o *magus* um ser onipotente; esse inclusive, não é um desejo manifestado pelos humanistas dedicados à magia. Na verdade, o *magus* humanista está muito mais próximo do modelo de Plauto, ou seja, o do bom servo que, ao dominar os hábitos de seu mestre, mobiliza-os para concretizar sua agenda secreta (GARIN, 1994: 159). E é exatamente essa imagem que della Porta nos apresentou: *não creia que os efeitos da magia natural sejam outra coisa que as obras da natureza: a arte é escrava da natureza e se coloca diligentemente a seu serviço* (Giambattista DELLA PORTA, 1562: 1).

A obra publicada em 1558, *Magiae naturalis, sive de miraculis rerum naturalium* – Magia Natural, ou os milagres das coisas da natureza –, é um bom exemplo da ideia acima apresentada da magia natural como desdobramento e dimensão operativa da filosofia natural. Nesse trabalho fruto de sua juventude, Giambattista della Porta dedicou-se a apresentar sua compreensão acerca da origem e do funcionamento do mundo natural, bem como variadas aplicações de tais conhecimentos, passando da botânica à cosmética, da alquimia à comunicação secreta.

Em primeiro lugar, della Porta acreditava que tudo que constituía a Natureza fora criado diretamente por Deus e, por isso mesmo, permanecia conectado a Ele. Essa afirmação refletia um universo mental que interpretava o mundo através da conjunção da mensagem cristã, da revelação hermética e do neoplatonismo.

De acordo com Giambattista della Porta (1562: 5), a Criação teria ocorrido da seguinte maneira: *de modo que pela influência dos astros, ele colocou em cada criatura sua forma, plena de vigor e virtude*. Podemos inferir que, para esse napolitano, o ato criador de Deus foi mediado pelos astros, remontando a cosmogonia hermética e a concepção neoplatônica da criação como ato de um único deus, ainda que ele tenha-se valido de mediações.

Isso posto, conforme della Porta, Deus seria o princípio de todas as coisas, bem como Aquele que organiza e conecta tudo.

> Eis, portanto a ligação das coisas, sua ordem e sua disposição, servindo à Providência divina, e onde podemos ver que todas essas coisas inferiores que são governadas primeiramente e por ordem, procedem de Deus mesmo e não devem que a Ele sua virtude e sua eficácia. Pois Deus (como disse Macróbio) que é a causa primeira e principal das coisas, e sua fonte mesmo, pela fecundidade de sua majestade criou o entendimento, e aquele a alma, que em parte desenvolve a razão. (Giambattista DELLA PORTA, 1562: 5)

Esse raciocínio faria de Deus a lei natural fundamental, implicando que naturalmente então o superior governaria o inferior. Considerando que o ser humano teria sido criado à sua imagem e semelhança, isso o tornaria o governante natural do mundo sensível e a sua Razão seria a prova disso.

Avançando no texto de della Porta, este afirmou que a Natureza seria redutível aos quatro princípios fundamentais aristotélicos – fogo, ar, água e terra –, cada qual com suas próprias qualidades. Eles combinariam quatro qualidades fundamentais – calor, frio, umidade e secura –, gerando relações de simpatia por meio das quais Deus poria a Criação em movimento. Assim, o fogo seria quente e seco, a ar quente e húmido, a terra fria e seca e água fria e úmida. Portanto, para compreender e atuar na Natureza, o indivíduo deveria compreender como as relações simpáticas desses elementos se relacionavam entre si. Della Porta nos apresentou o seguinte quadro acerca disso: *pouco a pouco o fogo se converte em ar pelo calor e o ar em água pela umidade, a água em terra pela frieza, e a terra se junta ao fogo pelo seco: eis, portanto como eles procedem* (Giambattista DELLA PORTA, 1562: 7).

Tendo apresentado o que ele entendia como o funcionamento mais elementar do mundo natural, della Porta tratou dos *simplicia corpora* ou corpos simples, assim por ele definidos.

> Ora, as sementes de todas as coisas são os elementos, dito de outra maneira os corpos simples, que são o princípio material dos corpos naturais, sujeitos a contínuas mudanças e a agitações contínuas, e que preenchem todo esse mundo sublunar (Giambattista DELLA PORTA, 1562: 6)

Para della Porta, os *simplicia corpora* seriam as partes mais fundamentais da matéria, constituindo uma mônada. Fruto das relações simpáticas da Natureza, esses corpos simples constituíam a matéria de todas as coisas e serviam de elemento por meio do qual Deus circulava pelo mundo sensível, simultaneamente mantendo-o interconectado e em movimento. Esses corpos simples corresponderiam às qualidades ocultas presentes em todas as coisas do mundo natural, por meio das quais as relações simpáticas ocorreriam (Giambattista DELLA PORTA, 1562: 18).

Todas as operações propostas no *Magia Naturalis*, desde o enxerto de plantas passando pela confecção de tintas invisíveis incluindo tinturas capilares, demandariam o preciso e adequado conhecimento de quais conjuntos de *simplicia corpora* deveria ser mobilizados. Para além disso, o *magus naturalis* precisaria calcular as distintas velocidades por meio das quais tais corpos simples reagiriam, quais seus suportes materiais mais adequados a cada operação, bem como de que maneira os movimentos supralunares interfeririam em tal processo. Portanto, o sucesso da magia natural dependeria de um profundo conhecimento de filosofia natural.

Considerações finais

Iniciamos esta discussão com base na centralidade da busca dos humanistas pela *Virtù* necessária para domar a *Fortuna*, à luz de uma interpretação petrarquiana de que um indivíduo pode cultivar tal qualidade ao dedicar-se aos estudos adequados. Assim, o programa dos *Studia Humanitatis* deveria capacitar os humanistas a lidar com a imprevisibilidade do destino, para tanto sendo necessário conhecer os meandros do funcionamento do mundo natural. Disso, surgia a importância de uma filosofia natural dedicada a deslindar os mecanismos que punham o mundo em marcha. Contudo, para alguns deles apenas a filosofia natural não bastaria para isso, surgindo daí a necessidade de que ela apresentasse uma dimensão prática, ou melhor, ativa. A magia natural seria justamente esse viés da filosofia natural que permitiria usar a compreensão do mundo para nele atuar. Portanto, filosofia natural e magia natural tornar-se-iam partes indissociáveis da ferramenta por meio da qual esses humanistas poderiam agir na natureza.

O *magus* humanista seria justamente quem compreenderia os movimentos da natureza de forma tão profunda que seria capaz de alinhar tal dinâmica a seus intentos. A geração de seus "milagres" nada mais seria do que fazer que o curso da natureza realizasse as vontades humanas. Portanto, para tais sujeitos uma vida de fato ativa somente seria possível através da magia, o verdadeiro entendimento do mundo natural.

À guisa de conclusão, consideramos oportuno retornar a um adágio deveras popular entre os séculos XV e XVI: *sapiens dominatibur astra*, algo como o sábio dominará as estrelas. Para muitos humanistas adquirir a tão desejada *Virtù* passaria necessariamente por dominar a influência astral no mundo ou a complexa trama de relações ocultas na qual tudo estaria submerso. Assim, o único sábio capaz de retirar da natureza a música exata para embalar seus sonhos seria o *magus*, fosse tal canção para embalar sonhos de poder, de compreensão ou de dominação.

Referências Documentais

DELLA PORTA, G. (1562). Magiae naturalis, sive de miraculis rerum naturalium libri IIII. Antuerpiae: In aedibus Ioannis Steelsii.

AGRIPPA VON NETTESHEIM, H. C. (1550). De occulta philosphia, Libri III. Lugduni: apud Godefridum & Marcellu, fratres.

Referências Bibliográficas

FAIVRE, A. (1994). O Esoterismo. Campinas; São Paulo: Papirus.

GARIN, E. (1994). Idade média e renascimento. Lisbon: Editorial Estampa.

GARIN, E. (1991). The Philosopher and the Magician. In: Garin, Eugenio. O homem do renascimento. Lisboa: Editorial Presença.

MENDONÇA JÚNIOR, F. de P S. (2020). Artífice do segredo: o abade Johannes Trithemius (1462-1516) entre o magus e o secretarium do princeps. Santa Maria: FACOS-UFSM.

NAUERT JR, C. G. (2006). The humanist challenge to medieval German culture. In:

BLACK, R. (Org.). The renaissance: critical concepts in historical studies. London: Routledge.

SKINNER, Q. (1996). As fundações do pensamento político moderno. São Paulo: Companhia das Letras.

YATES, F. A. (1995). Giordano Bruno e a tradição hermética. São Paulo: Cultrix.

VIII

A Filosofia Perene e o Renascimento

Daniel Rodrigues Placido

Jorge Gemistos Plethon, detalhe de afresco de Benozzo Gozzoli, 1459-1461.

O termo *Filosofia Perene* (*Philosophia Perennis*) foi utilizado pela primeira vez na obra *De perenni philosophia*, escrita e publicada em 1540 por Agostino Steuco, um humanista católico e bibliotecário da Vaticana. Para Steuco, a Filosofia Perene consistia na ciência sobre os mistérios divinos e humanos, revelada a Adão por Deus, antes da queda, e depois disseminada por vários povos e culturas; obscurecida ao longo do tempo, a Filosofia Perene, mais tarde, teria sido restaurada pela emergência do cristianismo[1].

Apesar do termo *Filosofia Perene* surgir no ambiente renascentista e cristão, ele remete a uma concepção que aparenta ser, em certo sentido, muito mais antiga e reincidente em diversas correntes filosóficas, religiosas e esotéricas. Ora, a ideia de uma Tradição que unifica diferentes filosofias e tradições religiosas tem indícios em Platão, Fílon, Numênio de Apameia, Porfírio, Proclo, Sohravardî[2], entre outros.

Esses autores, não obstante suas diferenças evidentes, concebiam uma unidade entre filosofia e teologia e, ademais, buscavam uma concordância intertradicional, sobretudo ao considerarem as contribuições do pensamento do Oriente (Egito, Índia, Pérsia) à luz da tradição filosófica de origem helênica. Essa linha de pensamento ressoa igualmente em Pais da Igreja Católica como Clemente Alexandrino, Lactâncio, Santo Ambrósio e Santo Agostinho, que, ao acolherem a herança pagã da filoso-

1 Uma outra edição saiu em 1542, cf. De perenni philosophia libri. Opus immensa non solum eruditione ac pietate refertum, sed omnium quoque tam veterum quàm recentiorum philosophorum quasi medullam complectens, ... iam denuò in lucem editum. Item from Eugubij, urbis suae, nomine, libri X, Augustini Steuchi, 1542.

2 Cf. Philebus, Platus. London: Oxford University Press, 1975; Obras completas, Filón de Alejandría, vols. I, II, III e V, edited by José Pablo Martín. Madrid: Editorial Trotta, 2009 ss.; Oraculos Caldeos (Con uma selección de testimonios de Proclo, Pselo Y M. Itálico) & Numenio de Apamea (Fragmentos y Testimonios), Francisco García Bazán. Madrid: Editorial Gredos, 1991; Sobre la abstinencia, Porfirio de Tiro. Madrid: Gredos, 1984; The Philosophy of Ilumination, Shihab al-Din Suhrawardi. John Walbridge & Hossein Ziai (orgs.). Provo/Utah: Brigham Young University Press, 1999.

fia,enxergavam uma unidade entre esta última e a teologia monoteísta cristã, além de uma origem comum para ambas sob uma sabedoria ancestral, porventura de origem edênica[3]. Não é acaso que um autor cristão como Santo Agostinho, profundamente influenciado pelo neoplatonismo, tivesse escrito que:

> A mesma realidade que agora se chama cristã já estava presente entre os antigos; nem faltou desde a origem do gênero humano, até que viesse Cristo na carne. É então que a verdadeira religião – que já existia – começou a tomar o nome de cristã. (...) Foi primeiramente em Antioquia (...) que os discípulos receberam o nome de cristãos. É porque eu disse: "Em nossos tempos, a religião cristã, não porque ela não existisse nos tempos anteriores, mas porque foi mais tarde que ela recebeu esse nome. (*Retratações*, 1, 13, 3. São Paulo: Paulus, 2019)

Dentro desse rol de autores mencionados, destacaremos a figura de Proclo, pois foi um platônico tardo-antigo muito influente tanto no Medievo quanto na Renascença, sendo esta última a época de amadurecimento do conceito de Filosofia Perene. Proclo afirmou na obra *A teologia de Platão* que a teologia helênica era filha de Orfeu, seguido por Aglaofemo, Pitágoras e Platão[4]. Um dos objetivos proclianos era colocar Homero e Platão em acordo entre si, como membros de uma cadeia divi-

3 Philosophia Perennis: Historical Outlines of Western Spirituality in Ancient, Medieval and Early Modern Thought, Wilhelm Schmidt-Biggemann. Dordrecht: Springer, 2004.

4 A teologia de Platão, Proclo. São Paulo: Polar editora, 2022, pp. 53-54.

na[5] e em concordância com os *Oráculos caldeus*[6]. E Hermes seria a cabeça divina dessa cadeia áurea, pois, conforme Marino de Samaria, biógrafo de Proclo, este último viu em um sonho que pertencia à cadeia hermética (ou hermaica)[7] e que era a reencarnação do pitagórico Nicômaco.

Proclo influenciou autores renascentistas como Bessarion, Plethon e Ficino, e, como dissemos, na Renascença a concepção de Filosofia Perene se desenvolveu e tomou contornos mais definidos, pois encontrou ali, conforme M. Idel, um ambiente sincrético de tradições[8]. Nessa mesma linha de argumentação, Antoine Faivre (2000) considera que, no Renascimento, materiais antigos e medievais variados começaram a ser reunidos como se formassem um todo coeso e homogêneo. Alguns deles eram ligados originariamente às formas religiosas helenísticas (estoicismo, gnosticismo, hermetismo e neopitagorismo) e depois às religiões monoteístas; mais tarde, Ficino, Pico della Mirandola,

---

5 Ou da cadeia de ouro referida por Homero na Ilíada VIII, 19 e citada depois por Platão no Teeteto (153c) e Damáscio em sua Vida de Isidoro (Damascius: The Philosophical History, Damascius, Polymnia Athanassiadi [edition and translation]. Athenas: The Apamea Cultural Association, 1999), referring to the unbroken lineage of the Platonic Academy. Cf. The Golden Chain An Anthology of Pythagorean and Platonic Philosophy, Algis Uzdavinys, John Finamore. Bloomington: World Wisdom, 2004.

Notavelmente, tanto Eugenio Garin (In: Ocho filósofos del renacimento italiano, Paul Oskar Kristeller. Ciudad de México: Fondo de Cultura Económica, 2016) quanto A. Versluis (Perennial Philosophy. Minneapolis: New Cultures Press, 2015), referiram-se ao platonismo como a "philosophia perennis" do Ocidente.

6 Cf. Mutations of Hellenism in Late Antiquity, Polymnia Athanassiadi. New York: Routledge, IX, 2016, pp. 75-76. Os Oráculos caldeus foram textos dos séculos II e III EC, relacionados com a teurgia, surgidos em contexto romano e helenístico. Autores como Plethon e Ficino, equivocadamente, acreditavam que eles eram muito antigos e tinham sido escritos por Zoroastro.

7 The Life of Proclus or Concerning Happiness, Marinus of Samaria, 28, 1925, pp. 15-55, tradução de Kenneth S. Guthrie. O Hermes que Proclo menciona, contudo, não seria *propriamente o Hermes egípcio, e sim um Hermes Logios, a divina razão (LIRA, D. P., 2014: 15-16).*

8 Prisca Theologia in Marsilio Ficino and in Some Jewish Treatments, Moshe Idel. In: ALLEN; REES; DAVIES (org.) (2002), Marsilio Ficino: his theology, his philosophy, his legacy. Leiden, Boston, Koln: Brill, pp. 137-158

Nicolau de Cusa, entre outros, procuraram complementá-los, em busca de denominadores comuns[9].

Desse modo a cabala judaica adentrou nos meios cristãos e encontrou-se com o hermetismo alexandrino, fazendo surgir noções irmãs como as de *prisca theologia*, *philosophia perennis* e *philosophia oculta*[10], as quais articulavam uma totalidade independente da teologia tradicional. Essas noções tinham por pressuposto a existência de uma corrente de transmissão que incluía nomes como Moisés, Zoroastro, Hermes, Platão, Orfeu, Sibilas e outros, e nisso estava a raiz do que foi chamado no século XIX de "tradição" ou "tradições esotéricas" (Ibidem, p. 12; Cf. HEISER, 2014).

À luz do que foi exposto, podemos identificar sob a noção de Filosofia Perene três eixos recorrentes: a) junção ou harmonização entre filosofia e teologia; b) a busca de concordância entre tradições, dentro de um arco variado de referências; c) a existência de uma linhagem ou linhagens veiculadoras dessa sabedoria perene (Cf. SCHMIDT-BIGGEMANN, 2004: 27-36). Naturalmente, como cada um desses eixos pode mudar conforme o autor visado e o contexto histórico-cultural, defendemos que a Filosofia Perene não é uma doutrina única, e sim uma estrutura flexível e adaptável que se manifesta de forma recorrente na história do pensamento ocidental. Veremos neste texto algumas dessas manifestações.

A concepção de Filosofia Perene está, ainda, intimamente vinculada ao Esoterismo ocidental, sem que uma coisa se reduza a

9 Introdução, Antoine Faivre. In: FAIVRE, A.; NEEDLEMAN, J. (org.), Espiritualidad de los movimentos esotéricos modernos. Barcelona: Paidós Orientalia, 2000, p. 12.

10 Conforme Hanegraaff (2012: 10), as noções de "prisca theologia", "pia philosophia" e "philosophia perennis" costumam ser confundidas pois têm um parentesco evidente, porém enquanto a "philosophia perennis" enfatiza a perenidade da sabedoria, a "pia philosophia" enfatiza o paganismo como preparação para algo maior, o cristianismo, e a "prisca theologia" veria essa passagem como um certo declínio.

outra, porquanto este último persegue com frequência, segundo Antoine Faivre[11], uma concordância entre tradições e pressupõe uma cadeia de transmissão subjacente a elas, além de ter como pressuposto uma forma de conhecimento cuja transmissão é interior ou esotérica, conforme Arthur Versluis[12].

Prisca Theologia e Renascimento

A Filosofia Perene em sentido amplo tem como primeira formulação explícita, no Renascimento, a noção de *prisca theologia* ou *teologia antiga*, cujo precursor, por sua vez, foi Jorge Gemistos Plethon (1355/1360-1452/1454).

Filósofo platônico de índole visceralmente pagã, apesar de ligado ao mundo cristão bizantino, Plethon chegou a fundar uma Academia Platônica em Mistras, perto de Esparta, cujos alunos formavam uma espécie de círculo esotérico de elite. Benquisto na corte real bizantina, Plethon participou como conselheiro imperial no Concílio de Ferrara-Florença (1437-1438), no qual encantou os eruditos latinos com suas exposições eloquentes sobre as diferenças entre a filosofia platônica e a filosofia aristotélica. Um desses ouvintes cultos seduzidos pela eloquência plethoniana foi Cosme de Médici, que concebeu ali a ideia de criar uma Academia Platônica em Florença, tarefa ulteriormente abraçada por seu protegido, Ficino. Autores como Bessarion e Ficino chegaram a comparar Jorge Gemistos a Platão, daí a explicação para a alcunha *Plethon*, a qual soava similar ao nome "Platão" (REIS, 1966; MONFASANI, 2002; TOYNBEE, 1984; CODOÑER, 1998; CASORETTI, 2022: 29-30; GRANADA, 2020).

Em sua obra mais importante, o *Tratado das Leis* (Livro I, 2, PLÉTHON, 1858: 31-33), Plethon apresenta uma lista extensa

11 O Esoterismo. Antoine Faivre. Campinas: Papirus, 1994, pp. 22-23.

12 Cf. Perennial Philosophy. Minneapolis: New Cultures Press, 2015.

dos sábios e legisladores antigos, históricos ou míticos, veiculadores das verdades eternas do mundo: Zoroastro, Eumolpos, Minos, Licurgo, Iphitus, Numa, brâmanes, magos persas, curetes, sacerdotes de Dodona, Polyeidos, Tirésias, Quíron, Sete Sábios (Tales, Pítacos, Bias, Solon, Cleóbulo, Mison e Quílon), Pitágoras, Platão, Parmênides, Timeu, Plutarco, Plotino, Porfírio e Jâmblico (Cf. HANEGRAAFF, 2006: 1125-1135; BLUM, 2011: 97).

Já no Livro III, 43 da mesma obra, Plethon (1858: 253-257) discorre sobre uma constelação mais resumida dos sábios antigos, não necessariamente em contradição com a versão anterior, porém com algumas diferenças nos pormenores: Zoroastro é colocado como o primeiro e mais antigos dos sábios, pois teria vivido em uma época anterior ao retorno dos filhos de Hércules em 5000 anos (o que equivaleria a 6000 AEC), além de ser considerado o autor dos *Oráculos caldeus*; depois os sacerdotes egípcios, que, se não receberam as verdades eternas do legislador Menés, retratado como um ignorante, as descobriram a partir das doutrinas zoroastrianas; depois Dioniso, que conquistou e governou os indianos, e seria um homônimo anterior ao Dioniso filho de Semele; depois os ancestrais gregos que teriam transmitido o culto divino dos Curetes (semelhantes aos dáctilos ou a seus descendentes), chegando-se, finalmente, aos seguidores de Platão e Pitágoras (cf. CODOÑER, 1998: 70-71).

Salta aos olhos a ausência de três nomes importantes nessas duas linhagens plethonianas: a) o de Orfeu, ausência um tanto misteriosa, pois Plethon conhecia e imitou os hinos órficos; b) o de Hermes, talvez por Plethon simpatizar pouco com a cultura egípcia, ou por perceber que este nome poderia ser sempre associado ao judaísmo e ao cristianismo, através de Moisés, ou, ainda, porque ele não conheceu diretamente o *Corpus Hermeticum*;

c) e o de Proclo, ao qual, todavia, Plethon muito devia, segundo seu ex-aluno Jorge Escolário (VIEIRA, 2016: 83; TAMBRUN, 2006: 960-963; CODOÑER, 1998, 25-35; GRANADA, 2014, 344-345; HANEGRAAFF, 2009: 40).

Influenciado por Plethon, porém descartando o seu paganismo, o filósofo, mago, astrólogo e padre italiano Marsílio Ficino (1433-1499) utilizou a expressão *prisca theologia* (LAURANT, 1995: 31). Ele traduziu e comentou todos diálogos de Platão, além de textos teúrgicos, herméticos, pitagóricos, órficos e neoplatônicos, entre outros, em busca dessa sabedoria ancestral e única, cujo ápice teria sido o cristianismo.

Na introdução da sua tradução do *Corpus Hermeticum*, concluída em 1463 e publicada em 1471, conhecida como *Pimander*, Ficino apresenta pela primeira vez de forma clara a linhagem da teologia antiga, de um modo muito similar a Proclo: Hermes Trismegisto, Orfeu, Aglaofemo, Pitágoras, Filolau e Platão (FICINO, 2011: 3-4, arg. 1-41). Nessa obra é expressa a influência de Lactâncio, Agostinho e Cícero.

Já no *Comentário ao Filebo*, escrito em 1469, mas publicado posteriormente, Ficino altera essa ordem, possivelmente influenciado por Plethon, colocando Zoroastro como o primeiro teólogo antigo, seguido por Hermes, Orfeu, Aglaofemo, Pitágoras, tirando Filolau da lista e sustentando que os vários deuses surgiram da pluralidade de Ideias platônicas, e que a teoria das Ideias também foi aceita por Dionísio Areopagita e Agostinho (FICINO, 1975: 180). E em sua obra mais importante, a *Teologia Platônica* (vol. 2, XII, 1, FICINO, 1965), escrita entre 1469-1474 e publicada em 1482, Ficino repete e consolida essa ordem de transmissão da teologia antiga, afirmando que os teólogos antigos esotericamente ocultaram do vulgo a verdade através de véus alegóricos ou poéticos.

A respeito da prioridade que Ficino deu à figura de Zoroastro, de origem persa, em certa altura de sua elaboração intelectual, inclusive mais do que à sabedoria hermético-egípcia, isso teria ocorrido, além da mencionada influência de Plethon (MONFASANI, 2002: 184-186), e talvez de Plutarco e Diógenes Laercio, devido à necessidade de vincular o zoroastrismo diretamente ao cristianismo, por meio dos magos do Oriente que visitaram o menino Jesus no relato bíblico (Mateus, Cap. 2), tomados como zoroastrianos. Isso também legitimava a magia natural e colocava o cristianismo como continuação de uma tradição mais antiga. E Zoroastro poderia ser associado ainda à figura judaica de Abraão, o qual teria partido da Caldeia, confundida aqui com a Pérsia (HANEGRAAFF, 2006: 1127; CELENZA, 2021: 135-136; ALLEN, 2008: 36-37).

No livro *De Christiana religione* (obra de 1474), uma obra de apologética cristã, escrita logo após sua ordenação como padre, Ficino considera, além dos nomes de Zoroastro, Hermes, Orfeu, Aglaofemo, Pitágoras e Platão como expoentes da *prisca theologia*, que o (neo)platonismo de Fílon, Plotino, Jâmblico e outros era tributário do cristianismo, pois esses autores teriam sido influenciados por João, Paulo e Dionísio Areopagita, os quais trouxeram novas revelações oriundas do mistério cristão (FICINO, 2022).

Nessa mesma obra, Ficino (2022) pondera ainda que filósofos e religiosos pré-cristãos receberam genuínas inspirações divinas e defenderam uma unidade entre filosofia e religião, como seria o caso de hebreus, persas, indianos, egípcios, etíopes, gregos, gauleses (celtas) e romanos (Cf. EDELHEIT, 2008: 2017; WALKER, 2017; HANKINS, 2008: 20-24); ele cita nomes como os de Eumolpos, Aglaofemo, Pitágoras e Numa Pompílio, além dos magos persas e brâmanes, o que lembra bastante Plethon no *Tratado das Leis*. Claro, sem que nenhum deles possa ser comparado à verdade integral: o cristianismo.

Já em uma Carta dirigida ao erudito Pannonius em 1484 (ou 1485), Ficino denomina essa união de filosofia e religião de "pia philosophia", inspirado em Eusébio de Cesareia, e mantém a ordem de sua transmissão com Zoroastro, Hermes, Orfeu, Aglaofemo, Pitágoras e Platão (HANEGRAAFF, 2012: 48). E em outra e interessante Carta, endereçada a Martino Urânio em 1489, Ficino estende a *prisca theologia* até o século XV, e inclui nela, além dos neoplatônicos helênicos como Plotino, filósofos islâmicos como Avicebrón, Alfarabi, Avicena e filósofos cristãos como Enrique de Gante, Duns Escoto, Cardeal Bessarion e Nicolau de Cusa (GRANADA, 1993: 43).

E, por fim, em Cartas escritas por volta de 1490-1491, Ficino considera que (neo)platônicos como Plotino, Porfírio e Jâmblico, apesar de terem recebido novas revelações oriundas de cristãos como João, Paulo e Dionísio Areopagita, não compreenderam a Trindade cristã, enquanto Platão, apesar de ser anterior ao cristianismo, chegou próximo de compreendê-la porque recebeu uma inspiração divina. A verdadeira continuação do platonismo é o cristianismo e provavelmente o próprio Platão tenha sido discípulo de Moisés, que recebeu no Egito a tradição hermética. Tradição que igualmente derivava de Zoroastro, o qual também influenciou Abraão (ALLEN, 1984).

Esses são apenas alguns exemplos de como Ficino abordou e reelaborou essa questão da teologia antiga em diversas obras, praticamente ao longo de toda sua trajetória intelectual. Em síntese, ele não só buscava nos antigos uma sabedoria ancestral, mas estava preocupado com a crise religiosa de sua época, observando a filosofia se afastar da religião e a religião se afastar da filosofia, e a articulação de uma *prisca theologia* em uma forma cristianizada era um instrumento poderoso para superar tal crise, pois apontava para uma unidade superior entre filosofia e teologia; Ficino, tendo estudado medicina, queria "curar" a sociedade cristã de seu tempo dos males do materialismo e da impiedade (CELENZA, 2021: 136; PAUL, 2011: 4-6; GRANADA, 2014; SCHMITT, 1966; CARVALHO, 2012).

A Filosofia Perene de Agostino Steuco

Na esteira de Ficino e de outros autores renascentistas, o já citado autor católico Agostino Steuco (1497/1498–1548), crítico do protestantismo e influenciado pelo platonismo, elaborou a noção de Filosofia Perene em sua obra *De perenni philosophia* (STEUCHI, 1542).

Para Steuco, a Filosofia Perene consiste em uma revelação originária e completa de Deus ao primeiro homem, Adão, antes da queda. Adão estava em conexão direta com a divindade, possuía um conhecimento de sua natureza e da criação do mundo. Essa ciência adâmica foi transmitida oralmente aos primeiros homens, inclusive foi recebida por Noé antes do Dilúvio, que, por sua vez, a transmitiu ulteriormente a seus descendentes. Steuco não limita essa ciência ao povo hebraico: ela foi transmitida a todos os povos primitivos. Contudo, essa ciência também sofreu um obscurecimento e uma deformação desde Noé, devido ao próprio passar do tempo, ao barbarismo, à atenção demasiada dos homens para a sobrevivência material e à divisão de línguas, acrescentando-lhe elementos fantasiosos (CASTRO, 1990; GRANADA, 1994; BAZÁN, 2007).

Steuco, não obstante, prioriza o povo hebreu dentro da cadeia de transmissão da Filosofia Perene, primeiro por esse povo dispor de uma especial ajuda da divindade, desde Abraão, e segundo porque o considera como pioneiro no domínio da escrita, pois Moisés teria sido o primeiro escritor, antes dos teólogos Hermes (egípcio) e Zoroastro (caldeu).

Mesmo que de forma obscurecida, os vestígios literários dos caldeus, fenícios e egípcios transmitiram as verdades fundamentais da primitiva ciência adâmica, como um patrimônio sapiencial da humanidade. E desses povos ela chegou até os gregos, a partir de Orfeu, e aos romanos, enquanto o advento do cristianismo seria um terceiro momento dessa Filosofia Perene, restaurando consigo a pureza e a luz originária da revelação primitiva.

Do que tratava essa Filosofia Perene, então? Ela versava sobre a unidade e trindade divina, a criação do mundo por Deus, a imortalidade, o destino da alma e a escatologia. Steuco acreditava e tentava demonstrar que o conhecimento da tri-unidade de Deus (Pai, Filho e Espírito), tal como expressa no cristianismo, estava presente não só no *Antigo Testamento*, mas também em Hermes, Zoroastro, Orfeu, Platão, Plotino e outros, ainda que nem sempre de maneira tão evidente e inequívoca (CASTRO, 1990; GRANADA, 1994; BAZÁN, 2007). O mesmo vale para a ideia da criação do mundo por Deus, que Steuco tenta demonstrar, sem ser muito convincente, como particularmente presente nos filósofos platônicos (com exceção de Aristóteles, que teria defendido a eternidade do mundo), assim como no hermetismo. E sobre a universalidade da Alma, assim como sobre a sua transmigração, doutrinas presentes em alguns filósofos gregos antigos, Steuco coloca-as como uma deformação da verdade original (CASTRO, 1990; GRANADA, 1994; BAZÁN, 2007).

A Filosofia Perene após Agostino Steuco

No começo do século XVII, a Filosofia Perene sofrerá uma contestação eloquente através da crítica filológica e histórica do erudito I. Causabon (1559-1614) à antiguidade dos textos atribuídos a Hermes (CELENZA, 2021). Contudo, a Filosofia Perene continuará viva, por exemplo em um filósofo como G. Leibniz (1646-1716), que, além de interessado na filosofia chinesa e no rosacrucianismo, ajudou a difundir essa noção no âmbito europeu, como esta carta evidencia:

> A verdade está mais difundida do que se pensa, mas muito frequentemente se encontra dissimulada, e também muitas vezes envolvida e mesmo enfraquecida, mutilada, corrompida pelas adições que a deterioram e a tornam menos útil. Fazendo notar esses vestígios da verdade nos antigos ou (para falar de maneira mais geral) nos anteriores, extrairíamos ouro da lama, diamante de sua mina e luz das trevas. Seria, com efeito, perenis quaedam Philosophia. Pode-se inclusive dizer que se notaria um progresso nos conhecimentos. (Carta a Remond, 26/08/1714, PS, III, apud LACERDA, 2006)

No final do século XVIII e começo do século XIX, a Filosofia Perene voltará a ter ressonância no contexto cultural europeu, sob influência da tradução de textos religiosos do Oriente antigo, especialmente da Índia, por orientalistas franceses, ingleses e alemães. Estavam lançadas as bases para uma revivência da Filosofia Perene no Esoterismo Ocidental através, sobretudo, da Teosofia de Helena Blavatsky (1831-1891) e do Tradicionalismo de René Guénon (1886-1951), correntes esotéricas ainda influentes cuja análise, contudo, transcende o nosso escopo aqui.

Referências Bibliográficas

ALLEN, M. J. B, RESS, V., DAVIES, M. (orgs.). (2002). Marsilio Ficino: his theology, his philosophy, his legacy. Leiden, Boston, Koln: Brill, pp. 179-202.

ALLEN, M. J. B. (2008). At Variance: Marsilio Ficino, Platonism and Heresy, In: HEDLEY, D.; HUTTON, S. (org.), Platonism at the origins of modernity. Dordrecht: Springer, 2008, pp. 31-44.

ALLEN, M. J. B. (1984). Marsilio Ficino on Plato, the Neoplatonists and the Christian Doctrine of the Trinity, In: Renaissance Quarterly, Vol. 37, No. 4 (Winter, 1984), pp. 555-584, University of Chicago Press on behalf of the Renaissance Society of America.

BAZÁN, F. G. (2020). Selección de escritos sobre Platón, Neoplatónicos, Herméticos y Gnósticos / Francisco García Bazán; compilado por Francisco García Bazán. Ciudad Autónoma de Buenos Aires: Academia Nacional de Ciencias de Buenos Aires.

BAZÁN, F. G. (2007). El hermetismo: identidad y historia de un culto misteriosofico, edição online.

BLUM, P. R. (2011). Et nuper Plethon – Ficino's Praise of Georgios Gemistos Plethon and His Rational Religion, In: CLUCAS, S.; FORSHAW, P. J.; REES, V., Laus Platonici Philosophi Marsilio Ficino and his Influence. Leiden/ Boston: Brill.

CARVALHO, T. (2012). Fé e Razão na Renascença: uma introdução ao conceito de Deus na obra filosófica de Marsílio Ficino. São Paulo: Érealizações.

CASORETTI, A. M. P. (2022). Pico della Mirandola; o esoterismo como categoria filosófica. São Paulo: Ediçoes Loyola, 2022.

CASTRO, E. S.. (1990). Filosofias da Hora e Filosofia Perene. São Paulo: Edições Grd, 1990.

CELENZA, C. S. A. (2021). A revitalização da filosofia platônica, In: HANKINS, J. (org.), Filosofia do Renascimento. São Paulo: Ideias e Letras.

CODOÑER, J. S. (1998). Jorge Gemistos Pléton. Madrid: Ediciones del Orto, 1998.

EDELHEIT, A. (2008). Ficino, Pico and Savonarola: the evolution of humanista theology 1461/2-1498. Leiden, Boston: Brill.

FAIVRE, A. (2000). Introduction, In: FAIVRE, A.; NEEDLEMAN, J. (org.), Espiritualidad de los movimentos esotéricos modernos. Barcelona: Paidós Orientalia

FICINO, M. (1965). Teologia platonica. A cura di Michele Schiavone, Volumes 1 e 2. Bolonha: Zanichelli.

FICINO, M. (1975). The Philebus Commentary. Edição e tradução de Michael J. B. Allen. Berkeley, Los Angeles, London: University of California Press.

FICINO, M. (2022). On The Christian religion (De Christiana religione). Toronto, London, Buffalo: University Toronto Press.

FICINO, M. (2018). The Letters of Marsilio Ficino. London: Shepheard-Walwyn.

FICINO, M. (2011). Pimander: Sive de Potestate et Sapientia

Dei. A cura di Maurizio Campanelli. Torino: Nino Aragno Editore.

KlUTSTEIN, I. Ficino's Hermetic Translations: English Translation of His Latin Pimander, s/d. Disponível In: https://www.academia.edu/31423671/Ficinos_Hermetic_Translations_English_Translation_of_His_Latin_Pimander

GRANADA, M. A. (2014). Jorge Gemisto Pletón y la eternidade del mundo (La polêmica contra Aristóteles y el cristianismo). ÉNDOXA: Series Filosóficas, n. 34, pp. 341-376. UNED, Madrid.

GRANADA, M. A. (1993). Sobre algunos aspectos de la concordia entre prisca teologia y cristianismo em Marsilio Ficino, Giovanni Pico y León Hebreo. Daimon Revista Internacional De Filosofia, (N. 6), pp. 41-60.

GRANADA, M. A. (1994). Agostino Steuco y la Perrenis Philosophia. Daimon Revista Internacional De Filosofia, (N. 8), pp. 23-28.

GRANADA, M. A. (2020). Renovación política en tiempos de crisis, determinismo y libertad: Gemistos Pletón y Maquiavelo, In: FAVERO, A. A.;PAVIANI, J., RAJOBAC, R., Vínculos filosóficos: homenagem a Luiz Carlos Bombassaro, Altair Alberto Favero (orgs). Caxias do Sul: Educs.

HANEGRAAFF, W. J. (2006). Tradition, In: HANEGRAAFF, W. J.; FAIVRE, A.; VAN DER BROEK, R.; BRACH, J. P, Dictionary of Gnosis and Western Esotericism. Leiden-Boston, Brill, pp. 1125-1135.

HANEGRAAFF, W. J. (2012). Esotericism and the academy: rejected knowledge in western culture. New York. Cambridge University Press.

HANEGRAAFF, W. J. (2009). The pagan who came from the East: George Gemistos Plethon and Platonic orientalismo, In: HANEGRAAFF, W. J.; PIJNENBURG, J. (eds.), Hermes in the Academy. Amsterdam: Amsterdam University Press, pp. 33-49.

HANKINS, J. (1990). Plato in the italian Renaissance. Leiden, New York, Copenhagen, Koln: Brill.

HANEGRAAFF, W. J. (2008). Marsilio Ficino and the religion of the philosophers, In: Rinascimento (Harvard University), n. 48.

HEISER, J. D. (2014). The American Empire Should Be Destroyed: Alexander Dugin and the Perils of Immanentized Eschatolog. Texas: Repristination Press.

KRISTELLER, P. O. (1966). Marsilio Ficino as a beginning student of Plato. In: Scriptorium, Tome 20 n°1,. pp. 41-54, Disponível In: https://www.persee.fr/doc/scrip_0036-9772_1966_num_20_1_3256

KRISTELLER, P. O. (1964). The philosophy of Marsilio Ficino. Glocester: Peter Smith.

LACERDA, T. M. (2006). A expressão em Leibniz. Doctoral dissertation – Universidade de São Paulo, São Paulo. Disponível In: http://www.teses.usp.br/teses/disponiveis/8/8133/tde-30012008-112330/. Acessed on: July 25 2022.

LAURANT, J. P. (1995). O Esoterismo. São Paulo: Paulus.

LIRA, D. P. (2016). A Volta do Hermetismo para a Promoção da Tolerância Religiosa. Anais Dos Simpósios Da ABHR, (2), Disponível In: https://revistaplura.emnuvens.com.br/anais/article/view/1267

LIRA, D. P. (2017, agosto). Recepção, tradução, influência e sucesso do Corpus Hermeticum. Nuntius Antiquus, [S.l.], v. 13, n. 1, p. 149-170, Disponível In: http://www.periodicos.letras.ufmg.br/index.php/nuntius_antiquus/article/view/11493

LIRA, D. P. (2014). O batismo do coração no vaso do conhecimento: uma análise do Corpus Hermeticum IV. 3-6a. São Leopoldo: Escola Superior de Teologia (Higher School of Theology), Postgraduate Program (Doctorate in Theology).

MONFASANI, J. (2002). Marsilio Ficino and the Plato-Aristotle Controversy, In: ALLEN, M. J. B,; REES, V.; DAVIES, M. (org.), Marsilio Ficino: his theology, his philosophy, his legacy. Leiden, Boston, Koln: Brill, pp. 179-202.

PAUL, A. M. N. (2011). El neoplatonismo florentino y la reconstrucción cristiana de la prisca theologia. VIII Jornadas de Investigación en Filosofía. Universidad Nacional de La Plata Facultad de Humanidades y Ciencias de la Educación. Department of Philosophy, La Plata.

PAUL, A. M. N. (2019, julho-dezembro). Docta religio y pia philosophia en el pensamiento de Marsilio Ficino: las fuentes herméticas y la búsqueda de una concordia. Cuadernos de Filofía/73, pp. 19-30. doi: 10.34096/cf.n73.9714

PLÉTHON, G. G. (1858). Traité de Lois. Paris: Librarie de Firmin Didot Frères, fils et cia. Availabe at: http://remacle.org/bloodwolf/philosophes/plethon/table.htm

REIS, J. C. (1966). Os Concílios Ecumênicos (V). Revista de História, [S. l.], v. 33, n. 68, pp. 305-324. DOI: 10.11606/issn.2316-9141.rh.1966.125865. Available at: https://www.revistas.usp.br/revhistoria/article/view/125865. Accessed on: June 18th 2022.

SCHMIDT-BIGGEMANN, W. (2004). Philosophia Perennis: Historical Outlines of Western Spirituality in Ancient, Medieval and Early Modern Thought, Wilhelm Schmidt-Biggemann. Dordrecht: Springer, 2004.

SCHMITT, C. B. (1966, Out-Dez). Perennial Philosophy: From Agostino Steuco to Leibniz. Journal of the History of Ideas, Vol. 27, no. 4, pp. 505-532.

SCHULZ, P. (2007). Geórgio Gemisto Pléton, Geórgio de Trapezúncio, Cardeal Bessarion. A controvérsia entre platônicos e aristotélicos no século XV, In: BLUM, P. R. (org.), Filósofos da Renascença. São Leopoldo: Unisinos, pp. 49-59.

STEUCHI, A (1542). De perenni philosophia libri. Opus immensa non solum eruditione ac pietate refertum, sed omnium quoque tam veterum quàm recentiorum philosophorum quasi medullam complectens, ... iam denuò in lucem editum. Item from Eugubij, urbis suae, nomine, libri X, Augustini Steuchi. Available at: https://archive.org/details/bub_gb_GVRSo-jZ-VP8C/page/n17/mode/2up

TAMBRUN, B. (2006). Jorge Gemistos Pleton, In: Dictionary of Gnosis & Western Esotericism, In: HANEGRAAFF, W. J.; FAIVRE, A.; VAN DER BROEK, R.; BRACH, J. P, Dictionary of Gnosis and Western Esotericism. Leiden-Boston, Brill, pp. 960-963.

TAMBRUN-KRASKER, B. (1999). Marsile Ficin et le Commentaire de Pléthon sur les Oracles chaldaïques. Accademia : Revue de la Société Marsile Ficin, Société Marsile Ficin, pp.9-48.

TAMBRUN-KRASKER, B. (2009). Pléthon et Cosme de Médicis : Platon et la tradition des mages. Disponível In: https://halshs.archives-ouvertes.fr/halshs-00293398v2

TOYNBEE, A. J. (1984). A Herança dos gregos. Rio: Zahar.

VIEIRA, O. S. (2016). Hermetismo como elemento fundamental do Ocidente: um paradoxo entre a sua necessidade e sua rejeição. João Pessoa: Universidade Federal da Paraíba. (master's thesis in science of religion)

VIEIRA, O. S. (2017, jan-jun). O Argumentum de Ficino ao Pimander de Mercúrio Trismegistos. Sacrilegens, Juiz de Fora, v.14, n.1, p.142-159.

WALKER, D. P. (2017). Prisca Theologia: la prisca theologia en France. Paris: Éditions Allia.

YATES, F. A. (1995). Giordano Bruno e a tradição hermética. São Paulo: Cultrix.

IX

Ideologia e Imaginário Rosacruz

Renan Lescano Romão

Retrato de Johannes Valentinus Andreae aos 42 anos.

É preciso, com efeito, que nossa construção, mesmo que centenas de milhares de homens a tivessem visto de perto, permaneça intangível, incólume, excepcional e perfeitamente oculta por toda a eternidade. À sombra de tuas asas, ó YHVH!

Fama Fraternitatis

1. Origens históricas do Rosacrucianismo

O surgimento histórico do rosacrucianismo remonta à publicação do primeiro manifesto da autointitulada "Fraternidade Rosa-cruz", na região da atual Alemanha, como afirma Oliveira (2009):

> A expressão "Fraternidade Rosa-Cruz" foi publicada pela primeira vez no Fama Fraternitatis, [...] anonimamente, em 1614, na gráfica Wilhelm Wessel, em Kassel, [...] no estado alemão de Hesse, [...] e traz a narrativa do nascimento da Fraternidade Rosa-Cruz [...] sob a direção do personagem lendário Christian Rosenkreutz, bem como apresenta os ensinamentos rosacruzes. (OLIVEIRA, 2009: 8)

Isso não significa que outros autores não tenham descrito a existência dos rosacruzes, até anteriormente, mas estes teriam sido os primeiros registros emitidos pela própria Fraternidade. Uma segunda aparição marcante, após a publicação anônima dos manifestos de 1614 a 1616, em nome da Fraternidade, foram os cartazes espalhados nos muros de Paris, na França, no ano de 1623, que afirmavam:

> Nós, deputados do Colégio principal da Rosa+Cruz, demoramo-nos visível e invisivelmente nesta cidade pela graça do Altíssimo, para o qual se volta o coração dos Justos. Mostramos e ensinamos a falar sem livros nem sinais, a falar todas as espécies de línguas dos países em que desejamos estar para tirar os homens, nossos semelhantes, de erro de morte. Se alguém quiser nos ver somente por curiosidade, jamais se comunicará conosco, mas, se a vontade o levar realmente a se inscrever no registro de nossa Confraternidade, nós, que avaliamos pensamentos, faremos com que ele veja a verda-

de de nossas promessas; tanto é assim que não estabelecemos o local de nossa morada nesta cidade, visto que os pensamentos unidos à real vontade do leitor serão capazes de nos fazer conhecê-lo, e ele a nós. (AMORC, 2001: 3)

Apesar dos manifestos apresentados ao mundo, não existem evidências históricas de grupamentos rosacrucianos registrados anteriormente ao ano de 1757. As organizações rosacrucianas diversas, como conhecemos hoje, passam a tomar forma somente a partir do final do século XIX e nas primeiras décadas do século XX, com destaque ao surgimento da Ordem Hermética da Aurora Dourada (*Hermetic Order of Golden Dawn*) na Inglaterra e da Ordem Kabalística da Rosa Cruz (*Ordre Kabbalistique de la Rose Croix*) na França, que trazem o rosacrucianismo para fora dos círculos maçônicos. Outros movimentos que evocavam o simbolismo e o imaginário rosacruzes, como no caso da maçonaria[1], do martinezismo[2], do willermorzismo[3] e do martinismo[4], são anteriores, mas não se apresentavam externamente como representantes da Ordem Rosacruz, só obtendo essa informação aquele que atingisse os graus mais superiores em tais ordens propagadoras desta corrente de pensamento místico.

1 A maçonaria consiste em organizações fraternas iniciáticas que remontam às antigas fraternidades e guildas de pedreiros que, a partir do final do século XIV, regulamentavam as qualificações de sua profissão mantendo a nomenclatura dos três níveis das guildas de artesãos medievais: "aprendiz", "companheiro" e "mestre".

2 Doutrina cujo nome faz alusão a seu fundador Jacques de Livron Joachin de la Tour de la Casa Martinez de Pasqually (1727-1779), um maçom francês, autor do "Tratado da Reintegração dos Seres" e fundador da Ordem dos Cavaleiros Maçons Sacerdotes Eleitos do Universo, alegadamente herdeira da Rosa-Cruz, propagando um complexo sistema de magia operativa ligada à Cabala.

3 Doutrina maçônica cabalística-cristã e cavalheiresca, fundada pelo maçom Jean Baptiste Willermoz (1730-1824), que visa transmitir os ensinamentos da Doutrina da Reintegração, de seu mestre Martinez de Pasqually, através de seu Rito Escocês Retificado.

4 Doutrina mística judaico-cristã, baseada nos ensinamentos de Louis-Claude de Saint-Martin (1743-1803) sobre a Queda do homem, do seu estado de privação material da fonte divina, e de todo o processo de retorno à sua essência, designado por "Reintegração" ou Iluminação. Seu fundador sofre duas influências importantes em seu pensamento: de seu iniciador maçônico Martinez de Pasqually e da obra do teósofo luterano Jacob Boehme (1575-1624).

> Quando a Renascença irrompeu na Europa com um ímpeto de novo interesse pelas artes e pelas ciências, num clima de mais liberdade, os Rosacruzes deram a se conhecer amplamente, publicando três Manifestos, desde então célebres na História: Fama Fraternitatis, Confessio Fraternitatis e O Casamento Alquímico de Christian Rosenkreutz, que apareceram respectivamente em 1614, 1615 e 1616. De modo geral, eles conclamavam as pessoas da época, principalmente os líderes de pensamento, a assumirem uma dimensão mais filosófica, mística e universalista da vida, revelando que a Ordem Rosa cruz guardava uma ciência que permitia essa consecução. Esses Manifestos, hoje históricos, suscitaram numerosas reações, não somente da parte dos meios intelectuais, mas também das autoridades políticas e religiosas. (AMORC, 2009: 6)

Os três manifestos fundantes deste movimento, lançados sequencialmente na Alemanha, foram "O Chamado da Fraternidade", de 1614, "O Testemunho da Fraternidade", de 1615, e as "Bodas Alquímicas do Cristão Rosacruz", de 1616, que teriam sido concebidos por um grupo de eruditos, místicos e teósofos pietistas conhecidos como o Círculo de Tübingen, que idealizaram o personagem Christian Rosenkreutz como fundador alegórico dessa Fraternidade ou Ordem (SALOMÒ, E. B.; FREIJÓ, F. C. et al., 2016). Sobre a autoria destes manifestos, que criticavam a sociedade e a religião da época, observa-se que:

> Os manifestos Rosa-Cruzes surgem no início do século XVII, atribuídos a Johannes Valentinus Andreae (1586-1654), um teólogo alemão que, possivelmente, recebeu ajuda de outras importantes figuras, como Tobias Hess (1558-1614). Os manifestos são uma mescla de misticismo gnóstico com referências alquímicas que incitam uma nova revolução espiritual da humanidade. (RODRIGUES, 2017: 2)

Segundo Amorim (2016), o rosacrucianismo possui uma proposta pedagógica própria que inclui um discurso marcado por um cristianismo reformado que dialoga com a astrologia, o hermetismo e a alquimia, e passa de uma eclosão literária dos manifestos no século XVII para uma "ampla e complexa rede de instituições, ritos e ensinamentos" que perduram por mais de quatro séculos desenvolvendo-se em ondas, e imprimem em cada contexto histórico pautas de mudanças e de permanências, dialogando e se fechando em organizações endógenas.

2. Mito fundante rosacruz e o *Fama Fraternitatis*

O mito fundante do rosacrucianismo histórico aparece delineado desde os manifestos rosacruzes do século XVII. No primeiro destes, o *Fama Fraternitatis*, de nome completo: "Relato da Fraternidade: ou Descoberta da Fraternidade da mui louvável Ordem Rosacruz", de 1614, já é contada a história do "Irmão C.R.", que também é conhecido como "Pai Fundador" ou "Nosso Pai CRC". Trata-se do personagem de nome Christian Rosenkreuz (Cristão Rosacruz - CR), que vivencia uma aventura rumo ao Oriente, após partir da Alemanha da época, e sendo iniciado nos cultos de mistérios de diversas civilizações, culminando numa síntese desses conhecimentos, um parâmetro da condensação proposta pelo próprio rosacrucianismo. Sua preocupação era "*levar todas as Artes à perfeição, de sorte que, finalmente, o Homem pudesse [...] compreender sua própria nobreza e dignidade [...] com a intenção de Reforma geral*" (AMORC, 1998:73).

Rosenkreuz teria sido posto em um claustro onde aprendeu o grego e o latim, indo ao Oriente acompanhado de um sábio, chamado irmão P.A.L., que, todavia, morreu no caminho, no Chipre, sem nunca ter chegado a Jerusalém. No caminho, Rosenkreuz permaneceu por muito mais tempo em Damasco, tendo então 16 anos, ali aprendendo com os árabes e africanos, inclusive a língua árabe. Ele parte para o Egito, Fez e, então, cruza o mar Mediterrâneo aprendendo, por onde passou, as artes da "Matemática, Medicina e Magia". Decide então, com a síntese obtida desses conhecimentos (chamados alegoricamente no *Fama Fraternitatis* de "objetos preciosos"), retornar à Europa para retificar a filosofia, ciência, "os erros da Igreja e de toda a Philosophia Moralis", escolhendo a Espanha como ponto de fixação.

Mas ali não encontrou receptividade aos conhecimentos que trazia, sendo que os eruditos e nobres espanhóis se sentiram ameaçados pela revolução proposta por CR:

> Mas isso foi motivo de riso para eles; e, sendo isso uma coisa nova para eles, temeram que seus grandes nomes fossem diminuídos se tivessem então de recomeçar a aprender e de reconhecer seus muitos anos de erros, aos quais estavam habituados e graças aos quais tinham acumulado muito dinheiro: aqueles que não amam o repouso que sejam reformados. (AMORC, 1998: 77)

Seguindo com suas viagens, tentando disseminar os ensinamentos obtidos sem obter sucesso nesta tarefa, CR retorna à Alemanha, onde se recolhe em retiro, construindo uma "habitação nova e adaptada" na qual passou a meditar, resumindo e reunindo tudo ali como em um memorial. Cinco anos após estar ali instalado, voltou o desejo da "reforma" e, apesar de duvidar sobre a obtenção do apoio de mais alguém para tal empreendimento, acabou aglutinando-se ao seu redor um pequeno grupo de três outros membros, de identidades veladas[5]: Irmão G.V.,

5 Até a atualidade é usual entre as diversas organizações rosacruzes a adoção de pseudônimos pelos seus membros iniciados, de modo a ocultar suas identidades civis. Estes pseudônimos, geralmente em latim ou outra língua clássica, expressa o mote de seu trabalho na Ordem, como o do escritor e poeta irlandês William Butler Yeats (1865-1939), membro da organização rosacruz Ordem Hermética da Aurora Dourada, que adotou o pseudônimo de Festina Lente (Latim: "Apresse-se lentamente"), ou seja, Frater F.L..

Irmão I.A. e o Irmão I.O., que passaram a ser instruídos pelo irmão C.R., de modo a fazer sobreviver tal conhecimento:

> Foi deste modo que começou a Fraternidade da Rosa-Cruz: inicialmente apenas quatro pessoas, que elaboraram a linguagem e escrituras mágicas acompanhada do grande dicionário que ainda utilizamos diariamente para louvar e glorificar Deus e onde encontramos grande sabedoria; eles também escreveram a primeira parte do Livro M.:, mas como este trabalho era muito pesado e o auxílio aos doentes, do qual não se pode falar, os atrapalhava, e considerando que sua nova edificação (chamada o Espírito Santo) tinha sido terminada, eles decidiram (uma vez que tinha chegado a hora) atrair e acolher outros membros em sua fraternidade; para este fim foram escolhidos o Irmão RC, filho do falecido irmão de seu pai, o Irmão B., um hábil pintor, G. e P.D., seus secretários, todos alemães exceto I.A.; assim, eles eram oito ao todo, todos solteiros que tinham feito voto de castidade, os quais compilaram um volume ou livro de tudo o que o homem pode desejar, aspirar ou esperar. (AMORC, 1998: 80).

O grupo cresceu e atingiu o número de oito membros; após uma preparação, eles se dispersam para submeter seus conhecimentos ao crivo de outros sábios que cruzassem seus caminhos e pudessem escrutinar as Artes e Ciências. Deliberaram então as seis regras fundamentais da Fraternidade Rosacruz: 1) Curar os enfermos gratuitamente; 2) Usar hábitos que estivessem de acordo com a cultura local em que estivessem inseridos; 3) Reunir-se anualmente na "Casa do Espírito Santo", sede da Fraternidade, todo dia C.; 4) Cada irmão encontraria um sucessor para si na Fraternidade, antes de sua morte; 5) O termo "RC" seria o emblema da Fraternidade; 6) A existência do grupo permaneceria em segredo por 100 anos.

Após muitos anos de trabalho oculto, com a morte dos fundadores, tendo sido a localização de seus túmulos mantida sob sigilo, cada irmão foi sucedido por seu escolhido; entrementes, o irmão N.N descobriu, por acidente, a localização do túmulo de Christian Rozenkreutz, marcando o fim do tempo de sigilo da ordem sendo que, curiosamente, já estava profetizado em sua lápide o anúncio: "Após 120 anos, eu me abrirei".

Aqui inicia-se, no *Fama Fraternitatis*, a segunda parte do mito de fundação da Rosacruz, com a obtenção dos conhecimentos e tesouros guardados no túmulo do irmão CR. Sua cripta era uma espécie de templo ou câmara iniciática onde um altar figurava sobre a lápide de Christian Rosenkreuz, o qual consiste em uma alegoria de todo conhecimento acumulado pelos rosacruzes, como vimos nas frases ali gravadas: "A C.R.C. em vida, desta imagem resumida do Universo, fiz meu túmulo". É curioso que em ordens iniciáticas rosacruzes, como a organização inglesa Ordem Hermética da Aurora Dourada, a cripta de C.R. constitui o templo de iniciação ao grau plenamente rosacruz, como Adepto.

A partir da abertura da cripta, a Fraternidade deveria se tornar conhecida e aberta à adesão daqueles que viessem a compartilhar de seus ideais, daí a ideia de publicação dos manifestos como convocatória aos interessados, bem como a afixação de cartazes nos muros de Paris, França, em 1623. Nota-se certa influência da Filosofia Perenialista[6] que está presente nessa "síntese da Verdade" dos rosacruzes ao afirmarem que seus ensinamentos estão *"em consonância com a Harmonia do Mundo inteiro, que deixa suas marcas em todos os períodos do tempo"* e que teriam surgido no "Fiat de Deus" e se extinguirá no "Pereat", os mesmos ensinamentos que Adão teria recebido de Deus e que foram repassados

6 Movimento filosófico renascentista de cunho platônico que propõe uma unidade na origem de todas as religiões, inclui nomes como Marsilio Ficino (1433-1499), Giovanni Pico della Mirandola (1463-94) e Agostino Steuco (1497-1548) que cunhou o termo philosophia perennis.

a Moisés e a Salomão, mas que também estão presentes na sabedoria de Aristóteles, Platão, Enoque e tantos outros sábios.

Os rosacruzes que publicam o *Fama Fraternitatis*, em 1614, cerca de 100 anos após o período em que se situa a alegoria da morte do Irmão CR, incluem suas próprias críticas a seu tempo: ao papa, aos seguidores de Maomé, aos escribas, aos sofistas e aos artistas, que seguiam na deturpação de suas Artes em relação à Verdade, em nome do poder, da vaidade e do dinheiro, chamada por eles de "arte ímpia e maldita de fazer ouro", responsável por muitas injustiças. Eles finalizam o Relatório convocando os interessados que desejem ardentemente participar do seio da Fraternidade, afirmando que esta os encontraria, pois não deixava pública sua localização nem a identidade de seus membros, e como dito estavam protegidos "à sombra das asas de Jeová", não importando o idioma que falassem, bastando a pureza de seus corações para serem identificados como candidatos dignos por aqueles que já são membros da Fraternidade.

3. Crítica Rosacruz e o *Confessio Fraternitatis*

O segundo manifesto rosacruz, lançado em 1615, recebe o nome de "Confissão da Fraternidade Rosa-Cruz" ou "Confissão da louvável Fraternidade mui honrosa Ordem da Rosa-Cruz, escrita com vistas às pessoas cultas da Europa", onde se expõe 37 razões, em 14 capítulos curtos, para o leitor compreender quem são os rosacruzes e se o pensamento rosacruz lhe é afim. Incluem nas razões uma série de críticas à sociedade, à filosofia, às ciências e à religião que entendem como responsáveis por mergulhar o mundo da época na mais crassa ignorância.

Eles abrem o texto afirmando que sua vinda é feita "Em nome de Jeová", no fim dos tempos que se anuncia, para aumentar o valor dos puros em fazer o bem e afundar os ímpios no pecado, caso não aceitem se regenerar. Defendem-se de qualquer acusação de heresia, desde a publicação do *Fama Fraternitatis*, condenando o Ocidente e o Oriente, representações respectivas do poder Papal e do Islã, por suas blasfêmias. Oferecem essa obra como esclarecimento adicional, não aos perseguidores, mas aos eruditos que tenham ficado com dúvidas sobre os rosacruzes e que tenham simpatizado com estes e ficado curiosos por causa do primeiro manifesto.

Acusam a filosofia da época de ser fraca, mas afirmam existir uma saída em sua regeneração se aplicados os remédios necessários para a renovação desta, por faltar-lhe a "jurisprudência" ao lado da "teologia" e da "medicina". Criticam os que, estagnados em visões ultrapassadas, seguem como "cegos à luz do meio-dia". Afirmam serem detentores de um conhecimento que não pode ser totalmente revelado ao grande público, engenhosamente pensado e recebido de "Deus, dos Anjos e Espíritos", capaz de reiniciar as ciências se todo o conhecimento atual da humanidade fosse perdido. Tais segredos seriam capazes de renovar as ciências e as artes e ajustá-las na direção do bem, mas não poderiam ser revelados logo de início aos que estariam apenas se aproximando da fraternidade. Afirmam, finalmente, ser chegado o momento, revelado por Deus, de expandir o número de membros da Fraternidade e convocar a todos os afins a entrar em contato com esse vasto conhecimento por eles detido, extenso e universal a ponto de abarcar a sabedoria "do Ganges ao Peru".

Destacam que não diferenciam nessa "distribuição dos seus conhecimentos" os potenciais candidatos por suas classes sociais, níveis de erudições ou mesmo dedicação devota, mas que observam a afinidade dos corações que os buscam à luz do ideal rosacruz. Passarão despercebidos por quem os combate e serão ouvidos pelos que se sintonizam:

Mil vezes os indignos poderão clamar, mil vezes se apresentarem, contudo Deus ordenou nossos ouvidos a que eles não ouvissem nenhum deles, e circundou a nós, Seus servidores, de tal forma com Suas nuvens, que contra nós nenhuma violência pode ser feita; pelo que agora não mais somos contemplados por olhos humanos a menos que tenham recebido força emprestada de uma águia. (AMORC, 1998: 3)

Reiteram ainda a importância de se ter traduzido *Fama Fraternitais* para que cada qual, em sua própria língua, não fosse privado de acessar as informações ali contidas. Apresentam uma proposta de um novo modelo de governo que não seja calcado na tirania, apontada como *modus operandi* da Igreja e do Papa, bem como preveem a queda do Papa em um futuro em que "as insatisfações poderão ser abertamente declaradas" como haviam indicado certos "eruditos da Alemanha".

Falam sobre sua capacidade de "ler o mecanismo do mundo" inscrito por Deus na Natureza, e que o seio da Ordem está reservado apenas aos que verdadeiramente buscam a sabedoria e que virão a estabelecer o "reino do Leão". Tal estabelecimento da "Reforma" já estaria em curso desde a promessa divina de abrandar Adão de sua queda e sofrimento, com o advento do pecado original:

Pelo que deverá cessar toda falsidade, escuridão e escravidão que pouco a pouco, com a revolução do grande globo, se infiltrou nas artes, nas obras e na governança dos homens, obscurecendo a maior parte delas. De lá procedeu essa inumerável diversidade de opiniões, falsidades e heresias que tornam a escolha difícil para os homens mais sábios, vendo que por um lado, foram estorvados pela reputação dos filósofos e por outro, pelos fatos da experiência, que se (como cremos) puder ser definitivamente removida e em vez dela uma única e mesma regra for instituída, então realmente restarão agradecimentos para eles que se esforçaram nisso, mas o resultado

> de tão grande obra deverá ser atribuído à bem-aventurança de nossa época. (AMORC, 1998: 5)

Afirmam que os segredos mais elevados de Deus estão contidos não apenas nas letras das Escrituras, mas no próprio Livro da Natureza, na criação, e que a Igreja "contaminada pela confusão de Babel" perverte a linguagem sagrada de Deus. Falam ainda como as Escrituras são o teor total dos ensinamentos rosacruzes e como está bem-preparado o candidato ao ingresso na Ordem que dedica a elas seu estudo, para que esteja presente em seus hábitos e feitos, e não seja refletida apenas em suas bocas como palavras vazias.

Contam como não estão relacionados à baixa aplicação dos conhecimentos herméticos mas que, ao contrário, usam de seus conhecimentos alquímicos, herméticos e astrológicos para a amenizar a pobreza, a dor, o sofrimento, lutar contra a tirania, "elevar o humilde e atirar à obscuridade o orgulhoso", alertando que lutam contra os que aplicam duvidosamente a Arte como "vendilhões do Templo":

> Para a conclusão de nossa Confissão, devemos seriamente adverti-lo que descarte, se não todos, pelo menos a maioria dos livros imprestáveis de pseudo alquimistas, para os quais é uma pilhéria aplicar a Santíssima Trindade a coisas vãs, ou enganar os homens com símbolos e enigmas monstruosos, ou lucrar com a curiosidade dos crédulos. [...] Vós que sois sábios, abstende-vos de tais livros, e recorrei a nós, que não buscamos vosso dinheiro, mas vos oferecemos muitíssimo de boa vontade nossos grandes tesouros. (AMORC, 1998: 7)

Deixam claro seus posicionamentos quanto aos assuntos que foram acusados como heréticos: que creem, sim, no Cristo, apesar de abominar o papa; entregam-se à "Verdadeira" filosofia; levam vidas dignas, de acordo com os costumes de onde se estabelecem; convocam os que desejam remediar as "artes e ciências" que estejam contaminadas pelo "obscurecimento do conhecimento humano pleno". Finalizam, então, afirmando que para o curioso, o fascinado, e os que venham a se degradar no caminho, a Ordem está fechada e "*que mais rapidamente perderá sua vida nos buscando, do que atingirá a felicidade por nos encontrar.* "(AMORC, 1998).

4. Alegoria iniciática Rosacruz e as *Bodas Alquímicas*

O terceiro manifesto intitulado "Bodas Alquímicas do Cristão Rosacruz", de 1616, publicado em Estrasburgo, França, possui como subtítulo: "Tornados públicos os segredos perdem seu valor; e, profanados, fazem que se perca a Graça. Portanto: não atireis pérolas aos porcos, nem prepareis para um asno um leito de rosas". Esse é o manifesto rosacruz mais rico em linguagem simbólica, narrado através de parábolas, e descreve o processo iniciático vivido por Christian Rosenkreuz (CR) em uma experiência mística, quando ele é convidado para um casamento. A Boda entre o Rei e a Rainha, em linguagem alquímica, pode ser considerada uma metáfora para a união entre uma matéria inferior e outra superior, que na alquimia espiritual ganha a conotação da união de um "eu" inferior, buscador da iniciação, e um "eu" superior dotado já das qualidades do Homem Divino pré-queda, o Adão primordial que em todos habita e que seria o oculto centro crístico de todos os seres humanos.

O casamento representa o momento culminante na carreira iniciática onde o sujeito passará, agora desperto, depois da união do Eu com sua Alma, a nascer para uma nova vida. Como dito, a linguagem barroca do texto é rica em termos poéticos, em apelo à imaginação e em simbolismo de cunho hermético, alquímico, astrológico e cabalístico. Trata-se de um recurso para "desvelar a verdade por meio de uma história aprazível": "*Sem dúvida o Casamento Alquímico deve ser classificado na categoria dos escritos simbólicos e, portanto, sujeito à latitude de interpretação que se pode esperar nesses casos*" (AMORC, 1998). A linguagem metafórica evoca vários pontos de vista possíveis de interpretação, e muitas chaves das ciências ocultas são necessárias para desvendá-lo. Não temos aqui a pretensão de realizar uma interpretação do texto em si, mas de contextualizá-lo historicamente e em relação aos demais manifestos.

O recurso à parábola é comum ao ocultismo em geral, e às ordens iniciáticas em particular, podendo conter níveis múltiplos de interpretação dependendo do arcabouço de quem os lê; em verdade, seu propósito é instruir ilustrando. O Casamento Alquímico não está dissociado do projeto rosacruz, expresso nos manifestos anteriores, de estabelecer uma nova sociedade utópica, como chamado por Francis Bacon em sua obra "O Progresso das Ciências" como "uma ideia geral e o projeto de uma Grande Instauração" (BACON, F. *apud* AMORC, 1998: 72).

Em sua capa, o manifesto traz a data de 1459, ano em que Christian Rosenkreuz (CR) teria recebido o convite e vivenciado a experiência épica do Casamento, provavelmente, com a idade de 81 anos, pois segundo o *Fama Fraternitatis*, CR teria nascido em 1378 e morrido em 1484, aos 106 anos. Sua viagem iniciática, onde recebeu o conhecimento de diversas culturas e cultos esotéricos, teria ocorrido entre 1394 e 1401 (quando contava com 16 a 23 anos de idade) e estabeleceu o Colégio, que duraria duzentos anos, com a idade de 38 anos, em 1416:

> As datas marcantes de sua vida são, por conseguinte, 1378, 1410, 1416, 1459 e 1484. Em 1604, 120 depois, no túmulo de CR, preparado desde antes de 1484, seria encontrado que este último havia destinado à posteridade para o novo ciclo da Ordem na Alemanha,

> em cujo desenvolvimento Francis Bacon participaria. Cento e seis é o número de anos que CR viveu; 108 anos é o ciclo da Ordem Rosacruz, ciclo de atividade e silêncio; 120 anos seria o número de anos que CR sabia ser o período durante o qual seu túmulo permaneceria fechado. (AMORC, 1998: 148-149)

Associa-se a data de nascimento de CR, em 1378, como símbolo de nascimento da própria Ordem. O simbolismo de encontrar seu túmulo faria alusão ao fato de a Ordem estar dormente naquela região até quando, chegado o momento certo, algum encarregado é levado a despertá-la, o que justificará o reaparecimento das organizações rosacruzes na contemporaneidade como "reencontros do túmulo de CR", seja em uma viagem iniciática rumo a um centro de preservação na França, como contado pelo fundador da AMORC, Harvey Spencer Lewis (1883 - 1939), seja por experiências místicas com um Círculo de Irmãos Maiores, na Alemanha, como contado pelo fundador Max Heindel (1865 - 1919) da Fraternidade Rosacruz.

O nome escolhido para o personagem "Christian Rosenkreuz" significa "Cristo", do grego "ungido", ou seja, iniciado, e "Rosacruz"; seria ele, portanto, o "Cristo Rosacruz" ou "Messias Rosacruz". Nesta descrição das aventuras iniciáticas de CR, o herói escapa, com um pequeno grupo de companheiros, dos engodos de falsas experiências alquímicas e de livros torpes, ao passo que outros candidatos ficam presos e deslumbrados nessas ilusões. Após múltiplas provas, atinge a vitória, não de modo incólume e absoluto, não se tornando um imortal, inacessível, com honrarias; ao contrário, demonstra suas dificuldades superadas passo a passo, e como esse estado análogo da iniciação pode ser alcançado por todos que persistam no caminho iniciático de maneira sincera. Guarda aqui, portanto, uma lição sobre o orgulho ser oposto à iniciação, até que seja feito, como CR, um "Cavaleiro da Pedra de Ouro", em alusão ao ouro filosofal dos alquimistas. A iniciação revela-se, ao mesmo tempo, consequência e início de nova etapa na vida do sujeito. A lenda engloba um elemento central do rosacrucianismo, ou seja, seu desaparecimento e reaparecimento cíclicos:

> Os riscos de deformação ou descaracterização voltam a nos lembrar a regra do ciclo de cento e oito anos de atividade e cento e oito anos de recolhimento da Ordem Rosacruz que se encontra no Fama Fraternitatis, quando diz: "Depois da morte de I.O. [...] veio à nossa memória um segredo que, através das palavras obscuras e ocultas, e de discursos sobre os cem anos [...]. (AMORC, 1998: 154)

Quando da vivência do Casamento Alquímico, em 1459, por CR, restava-lhe 25 anos de vida; foi então que ele preparou os meios de transmitir à posteridade seus conhecimentos e a tradição rosacruz, que deveria ser expandida pelos que viriam, explorada por eles e integrada, aumentando o arcabouço de seus Arcanos. Prepara então seu "túmulo", em verdade uma cripta iniciática revestida de símbolos, que é tida como templo ideal de algumas ordens rosacruzes, depositando ali o que deveria ser descoberto 125 anos mais tarde, não sendo sua morte, portanto, sinônimo do fim da Ordem Rosacruz. Muitos especulam sobre a autoria do documento, sendo a tese mais aceita a de que seu autor seria o teólogo luterano, estudante de cabala e hermetismo, Johann Valentin Andreae (1586-1654), influenciado por outros teólogos luteranos do Círculo de Tübingen, como nos outros dois manifestos predecessores.

Considerações finais

Nota-se que o rosacrucianismo nasce como um movimento cristão moderno permeado de elementos das chamadas "disciplinas esotéricas" no século XVII, na região da atual Alemanha, como crítica tanto ao catolicismo quanto à reforma protestante incompleta, ou desviada de seu alvo, apesar de guardar muitas influências do luteranismo, em especial do movimento ascético místico conhecido como pietismo, que propõe um contato direto com a experiência do transcendente. Em sua origem histórica, nos manifestos, o rosacrucianismo se apresentava como movimento e falava em uma fraternidade que não era, à época, uma organização propriamente dita, mas um símbolo alegórico, às vezes chamado de "Colégio dos Rosacruzes", "Fraternidade dos Rosacruzes" ou "Ordem da Rosacruz", que comungam as mentes afins e articulam um imaginário sob o qual se abrigam.

Através dos manifestos, primeiros documentos explicitamente autointitulados rosacruzes, foi possível compreender a ideologia rosacruz que visa uma crítica e transformação do mundo, à época de seu surgimento no século XVII, mas que ainda reverbera em discursos críticos nas organizações rosacrucianas atuais. No *Fama Fraternitatis,* o tema central é o mito fundante da Ordem e de sua manifestação no século XVII, o que pressupõe uma existência anterior do movimento; no *Confessio Fraternitatis*, os rosacruzes criticam o modelo político, econômico e religioso vigentes, incluindo aqui o protestantismo e o catolicismo; nas *Bodas Alquímicas* o tom poético e simbólico confirma as influências da alquimia, magia, astrologia e outras disciplinas esotéricas na composição do imaginário rosacruz, descrevendo a iluminação crística de seu fundador Christian Rosenkreuz, ou Casamento Alquímico.

A partir desse referencial dos valores pregados pela Rosacruz do século XVII e do imaginário que compõem suas narrativas nos Manifestos, chegamos às organizações rosacrucianas contemporâneas, em sua maioria nascidas na virada do século XIX para o século XX. Essas organizações, fraternidades e ordens afirmam ser grupos fraternais ou organizações iniciáticas, similares à maçonaria, porém propagadoras dos diversos saberes rosacruzes como o hermetismo, a astrologia, a magia, a cabala cristã e a alquimia. Destacam-se, entre as maiores dessas organizações, a Antiga e Mística Ordem Rosa-Cruz (AMORC), a Fraternidade Rosacruz (Rosicrucian Fellowship) e a Rosacruz Áurea (Lectorium Rosicrucianum), fortemente presentes na América Latina e no Brasil, em especial (MENDIA, 2019).

Referências Bibliográficas

AMORC, GLP (org.). Domínio da Vida. Curitiba: AMORC GLP, 2009.

AMORC, GLP (org.). A trilogia dos rosacruzes. Curitiba: AMORC GLP, 1998.

AMORIM, J. C. A. (2016). Geheime Figuren der Rosenkreuzer: esoterismo no imaginário do movimento Rosacruz do século XVIII. 2016. 176 f. Dissertação (Mestrado em Ciências das Religiões) - Universidade Federal da Paraíba, João Pessoa.

MENDIA, F. (2019). Rosacruz. In: GOOREN, Henri. Encyclopedia of Latin American Religions. Springer.

OLIVEIRA, V. L (2009). Rosacrucianismo: História e Imaginário. Dissertação (Mestrado) – UFPB/CCHLA/CE. João Pessoa.

RODRIGUES, Marcel Henrique (2017). A Rosa-Cruz: os primórdios de uma fraternidade esotérica. Impulso, v. 27, n. 68, pp. 117-128.

SALOMÒ, E. B.; FREIJÓ, F. C. et al (2016). Sabedoria do silêncio: Hermetismo e Rosacruz no pensamento humanista ocidental. Lisboa: Civita Solis.

X

A Essência Mágica do Poético na Tradição Romântica da Poesia Absoluta

Tomaz P. De Tassis

Ils reviendront, ces dieux que tu pleures toujours!
Le temps va ramener l'ordre des anciens jours
La terre a tressailli d'un souffle prophétique...

Cependant la sibylle au visage latin
Est endormie encor sous l'arc de Constantin:
— Et rien n'a dérangé le sévère portique

- Gérard de Nerval

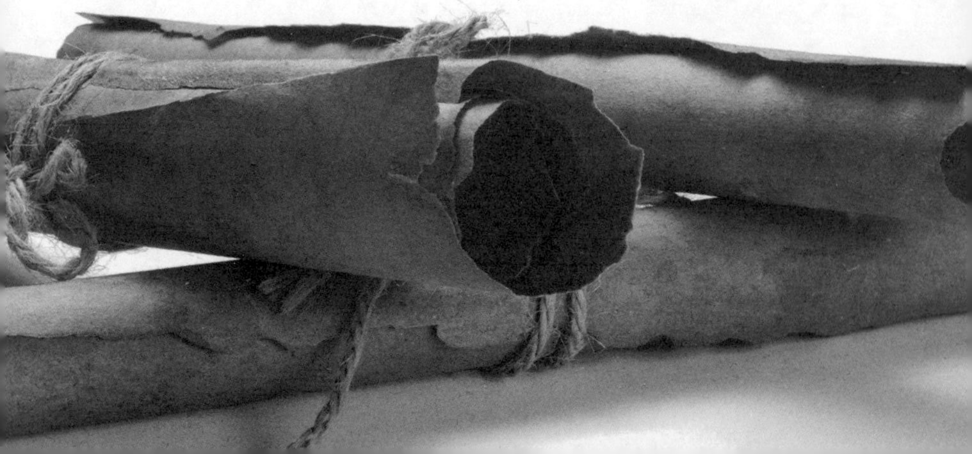

I
A cesura do tempo como fundamentação da filosofia mágica entre os herdeiros da tradição romântica

O homem é um animal em busca da desmedida, um ser que procura a todo momento um propósito que lhe é exterior. Longe de contentar-se com a mera banalidade do correr dos dias, procura embelezar, adornar e santificar o que comumente se chama de existência. Em tempos muito antigos, longínquos e brumosos, a humanidade se apercebeu do caráter mágico da linguagem. Para os "povos aurorais"[1], no começo de tudo, o embelezamento do mundo era um segredo silencioso que se manifestava como música. Como o misterioso Prajāpati da mitologia védica, lembrado recentemente por Roberto Calasso, criar é se perder e ser esquecido pela própria criação, é conceber um cosmos e ainda estar em busca de algo que não se conhece, um mistério profundo que se desvela no ato de engendrar o novo.

Um texto que pretende versar sobre poesia e esoterismo poderia, a princípio, eleger as obras de alguns poetas como objeto de análise histórica e examinar possíveis influências "esotéricas" sobre seu poetizar. Não é isso, contudo, que se almeja aqui. Pois aqui, mais do que a Poesia manifesta carnalmente em fala, palavra e livro, aborda-se o Poético. A força brutal que impele todo ser vivente a imergir na profundeza da criação desconhecida. O poder que reside adormecido na (sub)consciência de todo ser orgânico é o que usualmente se chama de essência poética

1 Expressão que tomo emprestada do filósofo Vicente Ferreira da Silva (1916 -1963). Ferreira da Silva, com sua ideia da Mitologia como Proto-Poesia, é o grande filósofo brasileiro do drama mítico e seu ressurgimento moderno. Uma exegese profunda da filosofia de Vicente demonstraria sua continuidade e superação dos grandes temas da filosofia da poesia e da filosofia da mitologia surgidos entre os filósofos românticos alemães. O volume "Transcendência do Mundo", reunião de textos publicada pela editora É Realizações (2010) é de especial importância para uma exegese do pensamento poético-filosófico de Ferreira da Silva.

das coisas. Poético é termo que vem do grego ποίησις, derivado do verbo ποιέω, originário por sua vez do indo-europeu *k☒oy-wós/*k☒ey- (compilar, reunir) e já denuncia seu caráter paradoxal na própria etimologia. Criar é também compilar, reunir, trazer à luz aquilo que está oculto. No Banquete de Platão, Diotima nos revela que os mortais anseiam por imortalidade em relação com a ποίησις, na geração e "desvelamento" (Heidegger) se manifesta a qualidade poética das coisas. Dos mistérios transmitidos por Platão, um suposto inimigo dos poetas, deriva o que muitos definem como tradição esotérica ocidental.

O Romantismo é, paradoxalmente, a maior revolução espiritual desencadeada no Ocidente moderno e ao mesmo tempo a ressureição do que há de mais arcaico no mundo. Contra o mundo do cálculo, da cidade regrada, da produção econômica, dos desvarios da racionalidade divorciada de seus pressupostos espirituais, o Romantismo invocou o grito do antigo, a hierática contemplação dos mistérios noturnos, do poder que reside na faculdade espiritual do homem, na correspondência universal entre tudo que existe. A linguagem é fórmula mágica, arcano que pode ser manipulado pela criação de mundos. Os românticos ressuscitam a concepção, tão antiga quanto o próprio fazer poético, da linguagem como magia. Poesia é magia porque envolve o uso *correto* da linguagem, dotar um estilo literário de poesia é conjurar poderes ocultos e insuspeitos. Octavio Paz talvez seja, entre os críticos modernos, quem melhor percebeu a extensão do Romantismo[2]. Porque o Romantismo não é uma tradição datada e "historicamente condicionada" de poetas ingleses e alemães, posteriormente absorvida por franceses, ibéricos, italianos e latino-americanos. O furor romântico se estende muito

2 Os volumes O Arco e a Lira e Os Filhos do Barro são obras centrais para uma compreensão profunda da poesia e do poético. Ambos foram publicados no Brasil pela editora Cosac Naify (2012, 2013).

além da cronologia oficial da historiografia literária, trata-se de um movimento de caráter central na poesia e na sensibilidade moderna. São românticos não apenas Coleridge, Wordsworth, Novalis e Schlegel, mas também Baudelaire, Rimbaud, Darío, Breton, Lorca, Trakl, Rilke e, fora do âmbito da poesia escrita em versos, rebeldes como Nietzsche, Georges Bataille e o filólogo Walter Otto.

O Romantismo é a sensibilidade mágica dos "povos aurorais" sendo invadida pelo desejo trágico e faustiano do mundo técnico, o duplo complementar alegoria-ironia, o casamento entre fadas e homúnculos. O saber conjugado das analogias e simpatias, conhecimento marcante do pensamento hermético do Renascimento, do Neoplatonismo, da Astrologia e da própria constituição da consciência mítica, é invadido pela consciência histórica, pela percepção fundamental da mutabilidade de todas as coisas. A cesura temporal é o que caracteriza o "absoluto trágico" do pensamento moderno e romântico. David Farrell Krell, filósofo estadunidense, ilustra como a contradição fundamental do trágico eivado de historicidade permeia um dos textos fundamentais da filosofia romântica: *O Mais Antigo Programa de Sistema do Idealismo Alemão*[3]. Discípulos de Schelling, Hegel e Hölderlin reivindicam a autoria do texto para seus mestres, mas o mais provável é que o texto tenha sido escrito por Hegel em sua fase romântica, quando ainda estava sob forte influência de Hölderlin, antes de se embriagar pelos desvarios da razão histórica e do real racional[4]. Em seu anseio de estabelecer uma física especulativa que fosse também uma ética de contornos metafísicos, de esboçar uma história da humanidade que restauraria a

3 The Tragic Absolute: German Idealism and the Languishing of God, Indiana University Press, 2005.

4 Ainda assim é preciso lembrar o caráter esotérico mesmo dos escritos posteriores de Hegel, como pontuou Glenn Alexander Magee no excelente Hegel and The Hermetic Tradition, Cornell University Press, 2001.

poesia como instrutora da humanidade, *O Mais Antigo Programa* dá vazão às angústias existenciais do Romantismo filosófico e as antecipa.

Pois a grande questão que inaugura a modernidade é a emergência da história, do pensamento histórico como fundamento de tudo, a radicalização final da concepção linear de tempo cristã; mas um cristianismo destituído do divino, corporificado no culto ao instante e ao porvir como fundamentos do mundo. Afinal de contas, Deus está morto, nos lembra o poeta Jean Paul. A tragédia da Morte de Deus é sentida também como mistério divino pelos filósofos e poetas românticos. Análoga à morte do Grande Pã em fins da Antiguidade Mediterrânica, a ocultação do Deus cristão é o mistério que permite ao divino se temporalizar em um instante de ressurreição pela criação poética. Com a morte do Pai, os poetas e pensadores se vêem livres para experimentar com os "arcanos esquecidos" (Leopardi) dos mundos obscurecidos pela metafísica cristã. O absoluto trágico teorizado por Krell é justamente a melancolia suscitada pelo evento da Morte de Deus, a *Sehnsucht* romântica que se prolonga até os tormentos místicos de um poeta como Georg Trakl[5].

O esfacelamento do mundo até então conhecido é um trauma de natureza mística e também temporal. A importância da temporalidade e sua multiplicidade caleidoscópica não pode deixar de ser enfatizada em um evento de tamanha proporção. Um paralelo interessante a se invocar seria o trauma causado pela emergência da temporalidade judaico-cristã no seio do antigo mundo mediterrâneo. Face aos ciclos cósmicos e à imagem do tempo como degradação da Idade de Ouro e o consequente retorno ao *Grund* primordial, o "Terror da História" experimentado pelo

5 Em tese de doutorado defendida em 2019, na Universidade de São Paulo (USP), Laura B. Moosburger buscou desnudar as ressonâncias entre a poética de Georg Trakl e o romantismo pela via da Sehnsucht.

homem antigo, o cristianismo impõe a irreversibilidade de cada ato, a insolubilidade de cada ação individual na marcha indelével do mundo rumo ao Juízo Final. O significado da poesia se altera profundamente, mas sua característica de rito iniciático pagão se mantém e ressurge na modernidade. A poesia é máquina anti-histórica, é rito mágico que suspende o tempo, é a conjuração que resulta na contemporaneidade de todas as eras. Em certo sentido, a poesia é a continuidade do ritual mágico de suspensão das leis cósmicas. Robert Duncan, poeta e teósofo estadunidense, em seu estudo sobre a verve teúrgica de H. D. (Hilda Doolittle) comenta como, para Ezra Pound, "todas as eras são contemporâneas"[6]. É o Gênio Poético o responsável por criar a noção de tempo e moldá-lo a bel-prazer.

E é pelo Gênio Poético que são recuperados entre os românticos alemães e seus sucessores poetas e pensadores, ritos, imagens, iluminações e mistérios. "*I know, I mean, one man who understands Persephone and Demeter*", diz-nos Pound em *The Spirit of Romance*, "*and one who has, I should say, met Artemis, these things are for them real.*"[7]. A mesma exasperação angustiante que atingiu os homens do fim da Antiguidade com o fim de seu sistema de crenças baseado nos ciclos cósmicos e nos sacrifícios sagrados aos deuses, na sacralidade das fontes, árvores, montanhas e bosques, atinge como uma flecha incendiária o homem da modernidade. Agora, porém, a ideia de eternidade é demovida do mundo, transferida para o porvir, enquanto a humanidade sangra no altar do instante, na mutabilidade incessante, na transformação perene que fundamenta o cosmos. Tudo que é sólido se desmancha no ar, diria Marx, o luto de Deus serve como sacrifício encomiástico ao porvir. É o mundo do Estado

6 The H.D. Book, University of California Press, 2011, p. 96.

7 Ibid.

Vestfaliano, de Voltaire, da administração pública, do Direito, da tecno-ciência e do mecanicismo, do concerto das nações e do físico Laplace. O mundo da Luz, do exterior pujante que arrasa culturas milenares na mesma velocidade em que constrói máquinas cada vez mais abstratas. Um mundo para o qual a poesia se converte em "um jogo, um ameno virtuosismo que satisfaz algumas necessidades vagamente pueris de nosso espírito"[8].

Mas é neste mundo iluminado pelo progresso e pela clarividência da técnica que começa a formar-se um profundo mal-estar, a melancolia do divino. O aspecto central do sistema mágico-poético do Romantismo, e que o diferencia dos esoterismos renascentistas ou antigos, é a consciência histórica, a temporalidade que a tudo consome e desemboca no que Octavio Paz denomina por dupla faceta "analogia-ironia". Pois nenhuma doutrina mística ou espiritual concebida no que se convenciona chamar Ocidente tinha, até então, se deparado com o abismo da historicidade. A ironia é a consciência mítica invadida pela relatividade do mundo histórico. Das correspondências de Baudelaire à alquimia do verbo de Rimbaud e a língua absoluta da poesia pura de Mallarmé, a invocação do sagrado, a ressurreição dos deuses se dá paradoxalmente como arcaísmo e criação, o poeta não é mais mero mensageiro das Musas, mas também criador de mundos tão pujantes quanto divinos. É preciso, para resistir à absurdidade do mundo histórico, refugiar-se na linguagem e suas propriedades mágicas. A analogia universal do hermetismo é permeada pela criatividade esfuziante do historicismo.

8 B BÉGUIN, Albert. Él Alma Romántica y El Sueño. Fondo de Cultura Economica, p. 77.

II
O Renascer do Renascimento nas Cinzas do Corpo de Deus: Entre Analogia e Ironia

La Nature est un temple où de vivants piliers
Laissent parfois sortir de confuses paroles;
L'homme y passe à travers des forêts de symboles
Qui l'observent avec des regards familiers.

Baudelaire

Para concluir este breve ensaio cabe invocar mais uma reflexão. Albert Béguin foi arguto ao perceber que o furor romântico em busca do sonho, do mito e da poesia tinha como fundamento uma recuperação do pensamento esotérico-místico do Renascimento italiano, que por sua vez foi profundamente influenciado pelas correntes herméticas e neoplatônicas de fins do mundo antigo. O Romantismo ressucita grandes mitos, a Unidade universal, a Alma do mundo e o Número soberano[9]. Mas é nas criações do gênio mitológico romântico e seu desnudar metafísico que é possível encontrar seu aspecto mais profundo e único: a Noite suprema, o Inconsciente, o Sonho e a crença inabalável no Poético criador como essência da realidade que simultaneamente subjaz e transcende o indivíduo, sendo ao mesmo tempo símbolo e linguagem mística. Para homens do Renascimento como Agrippa, Marsilio Ficino, Giordano Bruno, Nicolau de Cusa ou Johannes Kepler, o cosmos é um imenso ser vivo, a unidade essencial de todas as coisas irmana o ser humano ao universo total, sendo a representação humana o microcosmo no qual está refletido o todo da realidade. É ideia que deriva dos antigos,

9 Ibid.

não apenas dos herméticos e neoplatônicos, mas se estende até as brumas mais profundas dos pitagóricos e mesmo da ciência sacra do Egito faraônico. Nas investigações de René Schwaller de Lubicz sobre a ciência sagrada do antigo Egito, já estão representadas as ideias do homem como reflexo microcósmico do grande Ser, do simbolismo matemático e da arquitetura como plasmação do templo cósmico sagrado[10]. Ou seja, as analogias, simpatias, correspondências, são ideias antiquíssimas.

O que constitui peculiaridade fundamental da tradição moderna inaugurada pelos românticos é a crença no poder absoluto da Palavra, na capacidade criadora de até mesmo superar os elementos fundacionais da estrutura cósmica, a possibilidade de mergulhar nas profundezas de si e encontrar um mundo ainda mais verdadeiro que a arquitetura esboçada nas analogias fundamentais. O soneto "Délfica", de Gerard de Nerval[11], do famoso ciclo das *Quimeras* e que se impõe como epígrafe deste ensaio, muitas vezes foi interpretado como profecia do renascimento dos deuses pagãos ou profissão de fé do panteísmo moderno. Contudo, mais do que apenas uma apologia dos deuses antigos ou encômio ao panteísmo, fatores que muitas vezes se confundem em interpretações demasiado cristãs, o que o poeta afirma é também a capacidade da poesia em recriar os mundos perdidos,

10 Cf. SCHWALLER DE LUBICZ, René. Le Temple dans l'homme, Le Caire, Impr. de Schindler, 1949.

11 La connais-tu, Dafné, cette ancienne romance,/Au pied du sycomore, ou sous les lauriers blancs/Sous l'olivier/le myrthe ou les saules tremblants/Cette chanson d'amour... qui toujours recommence!/Reconnais-tu le TEMPLE, au péristyle immense/Et les citrons amers où s'imprimaient tes dents?/Et la grotte, fatale aux hôtes imprudents/Où du dragon vaincu dort l'antique semence./Ils reviendront, ces dieux que tu pleures toujours!/Le temps va ramener l'ordre des anciens jours;/La terre a tressailli d'un souffle prophétique.../Cependant la sibylle au visage latin/Est endormie encor sous l'arc de Constantin :/— Et rien n'a dérangé le sévère portique. Tradução (Alexei Bueno): Tu a conheces, Dafne, esta antiga romança,/Do sicômoro aos pés, sob os louros pendentes,/Sob a oliveira, o mirto e os salgueiros trementes,/Esta canção de amor que além sempre se lança?/Reconheces o TEMPLO, onde a cornija avança,/E os amargos limões onde entravam teus dentes?/E a caverna fatal a hóspedes imprudentes/Onde o dragão vencido esconde a íntima herança?.../Eles retornarão, os Deuses que tu choras!/O tempo recriará a ordem das velhas horas;/De um profético sopro o chão foi sacudido.../Enquanto isso a sibila de rosto latino/Ainda dorme por sob o arco de Constantino:/– E nada perturbou o Pórtico esquecido.

em achar refúgio dos absurdos da modernidade dentro da capacidade poética. Nada perturba o Pórtico esquecido dos tempos antigos, o tempo como fator de criação da linguagem poética será responsável pelo retorno dos deuses. O poder da palavra como criação absoluta é uma transmutação alquímica da irreversibilidade temporal do historicismo moderno como poder mágico.

É evidente que o duplo movimento analogia-ironia não se manifesta da mesma forma em todos os poetas e pensadores herdeiros da tradição do Romantismo, assim como a correspondente dinâmica entre ocultismo esotérico e historicismo assume contornos diferentes a depender de cada caso específico, se é que se manifesta em todo e qualquer caso. Não se objetivou aqui a criação de um esquema que pretenda capturar o fenômeno "tradição romântica" e encaixá-la em um molde pronto. O objetivo aqui é meramente lançar algumas reflexões embrionárias sobre a poética moderna inaugurada pelo Romantismo e sua relação com certas obscuridades fundantes do pensamento, com o prazer da poesia oculta das doutrinas mágicas e esotéricas. E é justamente a partir deste portal que podemos desvelar outra consequência possível de um esoterismo poético e romântico: um ecumenismo ainda mais potente do que o praticado pelos renascentistas e mesmo pelos neoplatônicos da antiguidade tardia. Pois se as ideias de um universalismo metafísico se tornam mais comuns nas expansões de impérios e nas encruzilhadas de culturas, nenhum outro processo de mundialização supera as angústias da modernidade. A descoberta de continentes, povos e religiões pelo Ocidente desencadeia um processo espiritual sem limites na criação poética.

Muito se diz sobre o caráter profundamente alemão dos primeiros românticos com suas catedrais e florestas encantadas, castelos medievais, flores azuis e transfiguração mística de contornos pietistas. Mas é também verdade que seu caráter alemão e historicamente condicionado é paradoxalmente acentuado pela vontade de ressuscitar um Outro mundo esquecido, um mundo mais verdadeiro que o mundo do mecanicismo físico-químico, a Alemanha Secreta do medievo e do Sacro-Império, as lendas, as fadas, as Valquírias e os deuses. Todos em comunhão com o misticismo cristão e com a irmandade dos povos que beberam na fonte primeva da Proto-Poesia, isto é, a mitologia. E a mitologia é Poesia no sentido mais alto porque é elemento epocal da experiência extática, a verdade pura da essência do caráter significante da linguagem e da conjuração verbal. E a magia é o fundamento da mitologia e de toda fundamentação linguística. Por isso os românticos alemães estavam sempre em busca do originante, do primórdio que se transforma em Ser pelas vias Poéticas do incondicionado. O retorno à Grécia, o culto à mitologia clássica e aos deuses gregos, o mergulho no pensamento indiano, facetas de um novo Renascimento em que Homero e Hesíodo são maiores que Platão.

E é dessa mesma verve iniciada pelos românticos alemães que os poetas modernos descobrem o gosto pela busca do primórdio, pela exploração universal do Mito e da magia também nas culturas arcaicas e "primitivas" da Ásia, África e América. A clareira foi aberta e assim foi possível um livro como *Technicians of the Sacred*[12] e Roberto Piva pôde se fazer xamã, porque os Românticos reinauguraram ao modo da modernidade um dilema que já

12 Technicians of the Sacred, organizado por Jerome Rothenberg, é uma belíssima compilação da poesia ritual e mágica de povos americanos, africanos, oceânicos e europeus, um testemunho do profundo caráter poético do folclore vivido no dia-a-dia pelas culturas arcaicas. A edição mais recente, enriquecida com novos prefácios e muitas adições é de 2017, tendo sido publicada pela University of California Press.

estava presente entre os pré-socráticos e talvez até mesmo entre os primeiros homens capazes de articular o pensamento simbólico: a fratura entre realidade vivida e representação, entre carne e consciência, entre êxtase e vida regrada. O Poético mais autêntico, que também é mítico, é inacessível pela linguagem comum, só pode ser decifrado pelas plasmações do mito. Alguns iriam ainda mais longe, como o filósofo Eudoro de Sousa, ele próprio um grande estudioso dos românticos, e diriam que o Mito é inacessível mesmo à poesia, sendo a narrativa poética a tentativa de fixar em metáforas a violência visceral do Mito vivo. A poesia, deste modo, mata aquilo que é próprio do Mito e antecede a própria filosofia na racionalização do mundo, a mito-logia é a morte do mítico. À maneira de Georges Bataille e sua imanência primordial, Eudoro entende o mito como a união pulsante entre deuses-homem-mundo, a experiência na qual a consciência não se separa do objeto que apreende. Um estado anterior à separação sujeito-objeto.

Por mais interessante que a perspectiva de Eudoro se apresente, seu amigo Vicente Ferreira da Silva foi além em sua apreciação do Mito como fonte da Proto-Poesia, invocando através de seus argumentos filosóficos perspectivas semelhantes às descritas pela antropóloga italiana Anita Seppili no seu seminal *Poesia e Magia*. Longe de ser apenas uma descrição metafórica do Mito vivo, da essência do Poético, a Mitologia é vivência, pois evoca um outro tipo de linguagem, a língua criadora. Se Vicente concorda com Eudoro no papel integrador da plasmação original deuses-mundo-homem, o papel da poesia é por ele considerado capaz de operar a atividade mágica de identificação sujeito-objeto, transcendendo a dualidade homem-linguagem. A Mitologia aqui não é apenas uma antecipadora da captura da exuberância da vida pelo pensamento mentalista, mas uma fórmula capaz de operar a superação da consciência limitada do humano, um manancial de onde provêm as plasmações do *Fascinator*, o não-feito-pelo-homem. Trata-se de uma posição de crença nas capacidades do Poético em subsumir a vida dentro de si e transmutá-la, tal qual rito ou operação mágica. Como dito nas primeiras páginas deste ensaio, do uso correto da linguagem provém a crença de poetas e magos. Para os teurgos platônicos de fins de antiguidade, entre inúmeros exemplos, a mera recitação de textos sagrados é capaz de alterar uma mudança na estrutura da realidade. Muitos estudiosos da magia antiga definem a operação mágica justamente como a capacidade de alterar as estruturas fundamentais do cosmos[13].

A dicotomia analogia-ironia invocada por Paz para definir a tradição moderna dos "filhos do barro" herdeiros do Romantismo pode ser melhor compreendida em termos de um arcaico profundo, a Proto-Poesia, o caráter mágico da linguagem sendo invadido pela consciência histórica, pela irreversibilidade do tempo, uma contradição já presente no seio da temporalidade cristã, mas que "explode" na consciência moderna. É o trágico recontextualizado, o absoluto trágico, a possibilidade de uma mística ao mesmo tempo transcendental e histórica. Uma confiança na capacidade da linguagem em seu aspecto mais pristino de superar a natureza objetal inaugurada pela cisão entre a própria linguagem e a vida, a língua poética no seu aspecto mais profundo leva a uma superação da objetificação produzida pelos símbolos e signos. Longe de ser mera metáfora no sentido da substituição de um vivido concreto por uma abstração intelectual, a Poesia em sua forma pura é o mergulho na analogia sagrada, uma rememoração e assimilação do Mito em sua força

13 Cf. EDMONDS, Radcliffe G. Drawing Down the Moon: Magic in the Ancient Greco-Roman World. Princeton University Press, 2019.

pujante capaz de subjugar completamente os sentidos e devolver o homem a seu estado primordial de união com o divino. Aí reside a essência mágica do Poético.

XI

Antroposofia: A Iniciação Moderna

Daniel Rodrigues Placido

Retrato de Rudolf Steiner

"Antroposofia" significa, do grego, *sabedoria do ser humano*. A cosmovisão que leva esse nome, assim como o movimento esotérico-espiritual que nela se sustenta, foram criados pelo filósofo e esoterista austríaco Rudolf Steiner (1861-1925). Às vezes, ele utilizava os termos *Ciência Espiritual* ou *Ciência do Espírito* como sinônimos de Antroposofia, a qual propõe a elaboração de uma concepção de mundo sustentada sobre três pilares: 1º) o rigor científico; 2º) a espiritualidade como fator objetivo; e 3º) a entidade do Cristo cósmico, à luz do esoterismo cristão.

A obra de Steiner é constituída por centenas de volumes, a maioria dos quais resultado de inúmeras conferências e palestras proferidas por ele ao longo de sua vida. Essa obra aborda, de forma original e profunda, temas como filosofia, esoterismo, agricultura, pedagogia, economia, arquitetura, entre muitos outros.

Steiner nasceu em 1861, em Kraljevec, atual Croácia; naquela época essa cidade pertencia ao Império Austro-húngaro. Relativamente desfavorecido em termos econômicos, filho de um modesto funcionário das estradas-de-ferro austro-húngaras, teve dificuldades materiais na realização dos estudos, para os quais, todavia, desde cedo apresentou uma inteligência aguda e penetrante, pois apenas com 14 anos lia Kant sozinho (HEMLEBEN, 2012: 11-36).

Steiner completou seus estudos superiores na Academia Técnica de Viena, na qual ingressou em 1879. Ainda na faculdade, com meros 21 anos, foi-lhe confiada, por meio do seu professor, Karl Julius Schröer, a tarefa de editar os escritos científico-naturais de Goethe, autor ao qual se dedicava desde os 18 anos (HEMLEBEN, 2012: 49-83). Anos mais tarde, Steiner vem a integrar o grupo de comentaristas e estudiosos goetheanos no Arquivo Goethe-Schiller, em Weimar; nesse círculo conhece e desenvolve relação com muitas personalidades do mundo filosófico, científico e artístico alemão da época (Ibidem). Do período aqui aludido, data igualmente o doutoramento de Steiner em filosofia na Universidade de Rostock, cuja tese defendida sairá um ano mais tarde sob o título de "Verdade e Ciência", uma obra de considerações epistemológicas (Ibidem, pp. 83-90). Em 1894, Steiner publica o livro "A Filosofia da Liberdade", sua obra filosófica mais importante, demarcando sua maturidade e autonomia intelectuais. Em 1899 casa-se com Anna, viúva Eunicke; anos depois, já falecida Anna, Steiner se casa novamente, desta vez com Marie von Sivers (Ibidem, pp. 109-118).

Em Berlim, entre os anos de 1897-1900, Steiner desenvolverá uma intensa atividade literária e cultural. Nesse âmbito, ele será introduzido, a partir de 1900, nos círculos da Teosofia, onde lhe foi possível expor sua própria visão filosófico-esotérica, ainda em etapa embrionária, e depois denominada *Antroposofia* (HEMLEBEN, 2012: 145-186).

Decorrente do êxito das suas conferências e ideias, Steiner integra e preside a recém-criada Sociedade Teosófica na Alemanha. Dentro do meio teosófico e ocultista, ele desenvolve um intenso trabalho intelectual e cultural, com a realização de inúmeras palestras e ciclos de conferências pela Europa para divulgar a Antroposofia, além da publicação de livros antroposóficos básicos como "Teosofia", "A iniciação" e "A ciência oculta" (Ibidem, pp. 145-186).

Em 1912-1913, um conflito interno leva Steiner a deixar a Sociedade Teosófica. Enquanto a Antroposofia estava referenciada na figura do Cristo, no esoterismo cristão e na ciência moderna, portanto, sob um verniz ocidental, a Teosofia estava fundamentada em uma concepção mais orientalista. Fora da Sociedade Teosófica, Steiner funda em 1913 a primeira Sociedade Antroposófica, junto a discípulos e colaboradores mais assíduos, refundada em 1923 com o nome de Sociedade Antroposófica Geral. Nesse âmbito continua e alarga as tarefas de conferencista, escritor, educador e artista, criando um movimento antroposófico de escala internacional. Steiner morre em 1925, em Dornach, Suíça, onde fica situado o "Goetheanum", sede até hoje da Sociedade Antroposófica Universal (HEMLEBEN, 2012: 199-299).

Steiner utilizou seu amplo repertório filosófico e científico a respeito de autores como Kant, Fichte, Goethe, Haeckel, entre outros, assim com sua incursão no movimento teosófico, como base para criar de forma independente a Antroposofia que, assim, coloca-se como um esoterismo essencialmente cristão (rosacruciano) e moderno.

Cristologia

Steiner recebeu influência das obras teosóficas de Blavatsky, especialmente do livro *Ísis sem véu*, ao lado de sua própria elaboração filosófica e esotérica, mas acabou, como dissemos, desligando-se da Sociedade Teosófica alemã, cuja linha era mais orientalista, optando por uma concepção esotérica mais ocidental e cristã.

Steiner considerou que a verdadeira Teosofia não consistia apenas em constatar as semelhanças entre as tradições, mas sim as diferenças e especificidades de cada uma delas (STEINER, 2004). Acreditava, assim, que o cristianismo tinha um peso maior dentro do conjunto de tradições e correntes espirituais, especialmente em sua vertente esotérica rosacruciana.

Steiner apontava que o homem era formado, além do corpo físico, por elementos suprassensíveis (corpo etérico, corpo astral e o Eu), os quais foram constituídos ao longo de um processo evolutivo pela intervenção de seres das hierarquias espirituais.

Contudo, esse processo em certa altura saiu de rota, fazendo-se necessária uma interferência especial, onde entra em cena a figura histórica do Cristo, o centro da evolução humana e terrena para Steiner.

Segundo Steiner ainda, Cristo seria uma entidade angélica oriunda da esfera solar que, no batismo do Jordão, foi incorporada ao homem Jesus. E, através do sacrifício do Gólgota, tornou-se, com o sangue derramado na cruz, a Alma da Terra. Isso também foi o plantio de uma semente para que, em um futuro remoto, a Terra torne-se um sol em sentido etérico.

Essa missão cósmica de Jesus Cristo, segundo Steiner, foi vista e antecipada por profetas e mestres do passado como Moisés, Zoroastro e outros, que, quando miravam o sol no horizonte, enxergavam a entidade crística aproximando-se paulatinamente do âmbito terreno. E de Buda a Zoroastro, passando por Jeshu bem Pandira, diversos profetas, mestres e tradições contribuíram para o sucesso da missão terrena de Jesus Cristo, fato que transpareceria nas diferentes perspectivas, comentadas por Steiner, dos Evangelhos (STEINER, 1996a; 1996b; 1997; 2007a).

A paixão, morte e ressurreição de Cristo, além de constituir um evento único de dimensões cósmicas, significava a abertura dos antigos Mistérios a todos os seres humanos, antes fechados e elitizados. A crucificação é em si um rito de mistério, mas realizado no palco da História, de forma aberta e pública. Isso implicava no fim dos mistérios antigos, e no surgimento de um novo padrão de mistérios, crísticos. A vinda de Cristo também significava, segundo Steiner, a aquisição evolucionária pelo homem do sentido do Eu, portanto, da autoconsciência que fundamenta a liberdade humana (STEINER, 2018).

Contudo, como essa evolução não é um processo determinístico, ela enfrenta forças contrárias, pois seres que ficaram "atrasados" na linha evolutiva a perturbam, como Ahriman, que representa o materialismo, e Lúcifer, que representa a espiritualidade puramente passional e sem consciência lúcida. Cristo, por sua vez, realiza o equilíbrio entre elas (STEINER, 1919). Ele tem como aliado o arcanjo Miguel, o qual confia irrestritamente no valor da liberdade na condução do destino da humanidade.

Steiner considera ainda a existência de uma figura espiritual com uma missão peculiar dentro da evolução humana: o discípulo de Cristo chamado de "Lázaro" no texto evangélico, o qual seria na realidade o discípulo João, e que recebeu uma iniciação especial diretamente de Jesus. Desde então, essa figura continuaria reencarnando na terra e, entre essas encarnações, ela teria sido Christian Rosenkreutz, o fundador do rosacrucianismo como corrente espiritual, assim como o misterioso iniciado conhecido pelo nome de Conde de Saint-Germain no século XVIII (STEINER, 1911).

Essas concepções esotéricas de Steiner, não obstante sua originalidade e profundidade, têm uma certa ressonância gnóstico-maniqueísta e neoplatônica, ainda que ele coloque uma ênfase na encarnação e paixão física de Cristo que não encontramos nos gnósticos antigos, mais docéticos, como demonstrou A. Welburn (WELBURN, 1991). Steiner considerava que todos esses conhecimentos de natureza anímico-espiritual que ele transmitiu através de suas palestras e livros estavam solidamente fundamentados em uma concepção científico-espiritual, a qual será discutida a seguir.

Ciência do Espírito

Desde criança, Steiner afirmava ser capaz de perceber, através de clarividência, os seres e entidades do mundo espiritual, fato que, todavia, não compartilhou com mais ninguém naquela época, para não ser alvo de chacota nem descrédito (ARANTES, 2012). É possível supor que procurou no desenvolvimento de sua filosofia um estofo teórico-conceitual para comprovar de forma objetiva a realidade do mundo espiritual que dizia perceber de forma suprassensível, atitude que, ademais, conquanto na contramão do materialismo, estava de acordo com o *Zeigeist* cultural, marcado indelevelmente pela ciência e pelo evolucionismo de Darwin, Comte, Spencer e outros.

Além dessas experiências na infância sobre as quais guardou silêncio, Steiner deixou relatos de que, quando tinha 21 anos, um homem simples conhecedor de ervas e plantas, com o qual fez amizade, o levou à presença de um mestre misterioso, identificado apenas como "M." no *Documento de Barr* (STEINER, 1966). Esse mestre lhe apontou a necessidade de superar o materialismo através da via do conhecimento, mediante a união entre ciência e religião (HEMLEBEN, 2012: 44-49; LINDENBERG, 2012b: 48-49). Não é claro por quanto tempo Steiner continuou em contato com esse mestre, tampouco sua identidade, mas o intermediário entre eles foi identificado depois como Félix Koguzki. Sabe-se que, mais tarde, em palestras e livros Steiner falará abundantemente sobre o rosacrucianismo, inclusive identificando-o com a própria Antroposofia (STEINER, 1987; STEINER, 2006), o que naturalmente permite pensar que seu mestre misterioso teria sido um rosacruz[1].

1 Para Richard Cloud (2017) esse mestre misterioso de Steiner seria o rosacruz Alois Mailander.

Steiner foi inicialmente um original intérprete de Goethe, não se restringindo apenas a comentá-lo, e sim organizando e complementando seu pensamento filosófico-científico. O contributo de Steiner em relação a Goethe pode ser resumido, grosso modo, neste ponto central: demonstrar que a obra científica goetheana, longe de se reduzir a descobertas e intuições isoladas - como o achado do osso intermaxilar e a criação da doutrina das cores-, era, ao contrário, um trabalho científico rigoroso, implicando na criação de um novo método, constituindo tanto uma mudança profunda nas ciências naturais quanto um contraponto ao materialismo nelas instalado. Contra o mecanicismo e o fisicalismo presentes nas ciências naturais, Goethe postulava ser necessário pensar o mundo orgânico tal como deve ser, ou seja, de forma irredutível à lógica mecânica de decompor/justapor o todo e suas partes, do mesmo modo como era pensado o mundo inorgânico; complementando essas proposições sobre a vida, Goethe propunha combinar pesquisa empírica e idealismo objetivo, além de entender o pensar como órgão de percepção de ideias e conceitos, e o "tipo" como estruturador ideal da espécie (ARANTES, 2012).

Mas Goethe, apesar de aplicar o seu método científico, não o havia desenvolvido suficientemente. Ora, Goethe tinha aversão pelo "pensar sobre pensar" proposto pela filosofia de J. G. Fichte, e foi nesse ponto que Steiner enxergou um caminho fecundo e inexplorado para desviar a ciência da concepção materialista e, também, demarcar sua passagem de "goetheano" para pensador autônomo. Isso o levaria da ciência natural ao problema do conhecimento, retornando à epistemologia de Kant e à ética fichteana da liberdade, e daí para outros caminhos. Observando o próprio pensar, Steiner reconhece que este sem dúvida é ativo; sua atividade porém não é a da simples representação idealista, e sim a de perceber a dinâmica das ideias e conceitos, cuja existência é subjetiva e objetiva, real e independente do homem e de sua faculdade representativa; em outras palavras, a consciência pensante é o "palco" onde se apresentam as essências, em si e por si mesmas (STEINER, 2000: 14-16).

Superando tanto o antigo dualismo platônico quanto a nova dualidade kantiana - "coisa-em-si" e "coisa-para-mim", "razão pura" e "razão prática" -, Steiner encontraria *no pensar sobre o pensar* um elo firme entre o mundo espiritual das ideias e o mundo evidente aos sentidos exteriores, conformando uma unidade indissociável; vale dizer, entre o mundo do pensar e o mundo da experiência, o "Eu" subjetivo e o mundo exterior dos sentidos. E mais, estabeleceria com isso o sentido preciso da liberdade humana, sufocada até então nas abstrações metafísicas dos idealistas e dos materialistas (STEINER, 2000: 8-10, 35-39).

O "Eu" dotado de autonomia e autoconsciência, concentrado sobre o próprio pensar, insubmisso a qualquer autoridade externa e maduro em sua cognição, é fundamentalmente livre, por ser capaz de determinar as leis de seu agir e querer, para além de qualquer tipo de determinismo ou de teleologismo. Dessas teses e concepções seria extraída a base filosófica da Antroposofia ou Ciência Espiritual, ainda que daquelas não se possa deduzir logicamente esta; aqui apenas aludiremos ao percurso da filosofia a Antroposofia (STEINER, 2000: 15-18, 43-52).

Segundo Steiner, quando o espírito contemplante observa na Ideia universal um conceito, por exemplo, o de "círculo", o qual se vê com os olhos desenhado em uma lousa, compreende-se o seguinte: o conceito não é causado nem derivado da experiência evidente aos sentidos exteriores - contrariando o empirista -, e tampouco se trata de uma representação subjetiva; percebe-se através do pensar o conceito do círculo, o qual não pode advir da experiência comum, isto é, dos dados evidentes aos sentidos exteriores - mas, sim, do pensar que concebe em experiência superior que todos os pontos da linha curva são equidistantes de um ponto central obtendo o conceito, a lei de um círculo perfeito, que, como tal, é universal, mas no ato da concepção é individualizado e torna-se representação da alma, isto é subjetivo (STEINER, 1998: 11-18).

Para Steiner, o pensamento objetivo, auto educado e exato, vivenciado com a força da alma, conduz ao mundo das essências, isto é, ao mundo espiritual. Esse mundo, "visto" pelo clarividente como uma realidade inegável, pode ser apreendido metodicamente, em analogia ao mundo natural; muda-se o "objeto" de conhecimento e o método, entretanto não o estatuto de ciência; o mundo espiritual, ao qual o homem pertence por seus pensamentos e espírito, constituídos da mesma "substância", é tão factível de ser conhecido quanto o natural, conquanto sob os parâmetros de uma Ciência Espiritual. O que é necessário para tanto? Conjugando a metodologia científico-espiritual ao desenvolvimento da clarividência - quer dizer, dos órgãos suprassensíveis de percepção ou *chacras*, análogos aos órgãos dos sentidos físico-exteriores -, o homem pode adentrar diretamente no mundo ideativo dos arquétipos, certo de não estar sofrendo visões, alucinações, autossugestão ou devaneio, podendo, então, em linguagem adequada, comunicar a toda inteligência humana o que objetiva e verdadeiramente ali se passa, como um autêntico pesquisador espiritual, de forma análoga ao naturalista, o qual, pelo treinamento árduo da observação e do pensamento, expõe ao leigo em ciência naturais as leis, características e pormenores da natureza (STEINER, 1998: 11-18).

Iniciação segundo Steiner

Além de enfatizar o caráter metódico ou objetivo do conhecimento espiritual, Steiner considera que a iniciação, em nossa época, pode ser feita de forma individual (auto-iniciação), sem necessariamente a presença de um mestre ou de ritos iniciáticos, apenas através de exercícios práticos realizados pelo próprio aspirante ou buscador, os quais desenvolvem paulatinamente os órgãos de percepção suprassensível. Isso distancia claramente Steiner de outros esoteristas contemporâneos que compreendem a iniciação como algo regular e tradicional (Cf. EVOLA, 1971).

Contudo, em obras como *Os graus do conhecimento superior*, Steiner (1996) considera que o mestre ainda pode ter o papel de condutor do aspirante à iniciação, desde que a sua relação com o discípulo seja flexível, sem ter sobre este uma autoridade absoluta. Como escreve sua segunda esposa, Marie Steiner, na introdução dessa obra:

> como compreender o fato de ter Rudolf Steiner — o mesmo homem que nos encaminhou à liberdade no domínio do esoterismo, e que nesse domínio também nos forneceu uma base segura dentro de nós mesmos, esse homem que só nos obrigou a manter fidelidade ao nosso eu superior, a mesma fidelidade que antigamente o discípulo tinha de prometer ao mestre —, como é possível, repetimos, que Rudolf Steiner, nas instruções que publicamos agora, aludisse ainda à necessidade da união absoluta com o guia espiritual, colocando desse modo o discípulo na dependência do mestre? Na verdade Rudolf Steiner só se referiu a uma relação de confiança. Desde o início ele evitou qualquer espécie de autoritarismo, afastando-o decididamente de si.

> Nos tempos antigos, os sacerdotes encarregados da iniciação responsabilizavam-se totalmente pelo candidato à iniciação nos mistérios da existência divina, e atuavam diretamente sobre ele, empregando a própria vontade. Assim sendo, o discípulo era ao mesmo tempo protegido e guiado, podendo evitar os perigos que de outro modo o teriam subjugado. O eu ainda pairava acima dos envoltórios físicos do homem; sua consciência pessoal ainda não despertara. A disciplina dos mistérios consistia em despertar cada vez mais essa consciência. E na iniciação cristã, que nos confere o Mestre Cósmico, a dependência do mestre pessoal é diminuída, quando ainda existe. Essa dependência perde cada vez mais seu caráter pessoal na disciplina rosa-cruz, transformando-se numa relação de confiança. O mestre auxilia o discípulo, indicando-lhe o caminho que ele procura e não consegue achar sozinho; ampara-o moralmente, mostra-lhe os perigos que ameaçam seu caráter (...). Desse modo, o mestre é um coadjuvante que teria de retirar-se no instante em que a confiança nele depositada desaparecesse. Até o ponto decisivo do destino em que nos encontramos, o mestre atuante em nossa época tinha de aludir ao passado, ao presente e ao futuro do anseio humano pelo espírito e, iniciando seu trabalho com a educação do indivíduo, tinha de edificar sua obra como um ato humano por excelência, isto é, como o alimento de uma nova vida, readquirido em prol do mundo vindouro. (STEINER, 1996: 3-4)

Isso se coaduna com a concepção de Steiner de que Cristo representa, na evolução humana, a aquisição do Eu, fundamento da liberdade e da autoconsciência, e que, portanto, a iniciação moderna deve ser cada vez mais solitária e livre, ainda que no passado ela tenha se dado sob formas e condições distintas. Ao contrário de outras correntes e movimentos esotéricos excessivamente ligados à ideia de tradição e regularidade iniciática, Steiner interpreta o esoterismo e a própria iniciação como mutáveis, acompanhando a evolução cultural e espiritual da humanidade.

Isso é reforçado pela concepção de Steiner de que, desde o último terço do século XIX, a humanidade estaria entrando em uma nova era sob a direção do arcanjo Micael, em que não haveria mais uma inspiração passiva oriunda do mundo espiritual para a iniciação, mas, antes, a própria humanidade, através do pensamento imbuído do calor do coração, é quem deveria ofertar ao mundo espiritual e suas entidades um conhecimento por ela elaborado espiritualmente, o que também estaria em consonância com os objetivos do movimento rosacruciano (STEINER, 2006: 79-93).

As etapas ou graus da iniciação segundo Rudolf Steiner

É comum na tradição esotérica considerar-se a iniciação como um processo árduo, realizado em graus ou etapas, seja, por exemplo, nos antigos mistérios, na maçonaria moderna, em ordens ocultistas de matiz rosacruz ou até em um tradicionalista como R. Guénon (RIFFARD, 1996: 304-306). Steiner, além da ênfase no caráter individual e livre da iniciação à luz da condição do homem moderno, apesar de não prescindir totalmente do papel de um mestre, reconhece que ela é um processo gradativo, no qual o aspirante desenvolve internamente os órgãos de percepção suprassensível e acessa de maneira paulatina os diferentes níveis da realidade anímica e espiritual.

Evidentemente, não temos como detalhar aqui tudo que Steiner expôs sobre cada etapa ou grau da iniciação, tampouco os exercícios e disposições necessárias para percorrê-las de forma segura e as mudanças internas provocadas durante a realização do processo iniciático. Faremos apenas uma introdução breve, com base em algumas de suas obras mais importantes sobre a iniciação[2].

De forma bastante abreviada, podemos afirmar que Steiner considera[3] que o caminho antroposófico ou rosacruciano tem sete etapas ou graus básicos, os quais, naturalmente, serão trilhadas individualmente de forma distinta:

a) Estudo da Ciência Espiritual ou Antroposofia: corresponde ao primeiro despertar, ainda restrito ao mundo físico;

b) Cognição por imaginação: corresponde ao mundo astral;

c) Cognição por inspiração: corresponde à leitura da escrita oculta e ao nível inferior do mundo espiritual (*devachan inferior*);

d) Cognição por intuição: elaboração da pedra filosofal, corresponde ao nível superior do mundo espiritual (*devachan superior*);

e) Conhecimento da relação entre o macrocosmo e o microcosmo;

f) Fusão com o macrocosmo;

g) Bem-aventurança em Deus.

Esse processo corresponde ao desenvolvimento interno das "flores de lótus" ou órgãos de percepção suprassensível (*chacras*), bem como a uma mudança da constituição interior dos corpos sutis do ser humano. Ademais, corresponde a um encontro de morte e ressurreição internas: em primeiro lugar, com o "pequeno guardião do limiar" (a própria entidade espiritual agora perceptível) e, em segundo lugar, com o "grande guardião

2 Consultar STEINER, 1987: 164-173; STEINER, 1998: 112:142; STEINER, 1996: 7-32; STEINER, 1991; STEINER, 2004; STEINER, 2008; LANZ, 2005: 89-96.

3 Cf. STEINER, 1987: 164-173; STEINER, 1998: 112:142; STEINER, 1996: 7-32; STEINER, 1991; STEINER, 2004; STEINER, 2008; LANZ, 2005: 89-96.

do limiar", o modelo do Eu humano, ou seja, o próprio Cristo (STEINER, 1991: 41-83; LANZ, 2005: 86-96).

Steiner compreende que a iniciação também leva o aspirante a perceber a realidade espiritual imanente ao ser humano. Segundo a Ciência Espiritual, a entidade humana seria composta de sete membros: a) corpo físico; b) corpo etérico; c) corpo astral; d) Eu; e) *Manas*: o corpo astral transformado pelo Eu em personalidade espiritual; f) *Budi*: o corpo etérico transformado pelo Eu em espírito vital; g) *Atma*: o corpo físico transformado pelo Eu em homem-espírito (STEINER, 2004: 21-23). Como, sabidamente, Steiner mudava a forma de sua exposição conforme o contexto e o público presente, às vezes ele falava em dez membros da entidade humana (acrescentando três almas aos outros sete membros), ou, de modo simplificado, em apenas quatro membros (corpo físico, corpo etérico, corpo astral e Eu), sendo que o corpo etérico corresponde aos processos vitais; o corpo astral às emoções e sentimentos; e o Eu ao pensamento e à autoconsciência.

Steiner argumenta ainda, com base em sua pesquisa espiritual, que os quatro primeiros membros da entidade humana foram desenvolvidos ao longo da evolução terrena através da intervenção de seres espirituais mais evoluídos (anjos, arcanjos, arqueus etc.), e que os três últimos membros só serão desenvolvidos pela humanidade no futuro, no qual esta última alcançará o nível evolutivo equivalente ao de anjo, similar ao "Cristo etérico" ressurgido da morte na cruz com um corpo fantasmático ou angélico. Seria possível ainda ao iniciado (através dos "arquivos akhásicos" situados no mundo espiritual e refletidos no mundo astral) conhecer o passado humano e terrestre, pois todos os pensamentos e emoções ficariam sutilmente registrados ali, onde podem ser "lidos" pelo iniciado (STEINER, 1987: 44-51).

Tipos de iniciação ou abertura espiritual

Nas obras citadas acima, Steiner chega a reconhecer que existiram e ainda existem diversas formas de iniciação além do caminho antroposófico, as quais procuramos diferenciar e organizar abaixo. Steiner aponta (STEINER, 1987, 158-164; cf PROKOFIEFF, 2006: 25-34) que existem os seguintes caminhos básicos para a iniciação:

a) místico cristão antigo e medieval: baseado na devoção e ascese internas, nesse caminho o místico manifesta os estigmas de Cristo em cada etapa iniciática, sendo uma iniciação em que o Eu é absorvido no divino;

b) caminho antroposófico ou rosacruciano: mais adequado ao homem moderno, tem um caráter prático e objetivo, sem depender de nenhum mestre e sem implicar na perda da autoconsciência livre e centrada no Eu;

c) *yoga* ou caminho oriental: através de intensa devoção, percebe-se a realidade como ilusão (ou *maya*), mergulhando-se o Eu no todo divino.

Steiner (2008: 55-63) afirmou, ainda, que existem *tipos* ou casos extraordinários de pessoas que não foram iniciadas no sentido comum do termo, pois não procuraram deliberadamente a iniciação, mas que atingiram uma abertura espiritual de forma espontânea e inconsciente, por razões kármicas, penetrando no mundo espiritual sem os riscos que normalmente isso implicaria para alguém despreparado. Os tipos seriam três, de acordo com a terminologia do próprio Steiner:

a) Lunático ou sonâmbulo: atraído de forma inconsciente pelas forças lunares e astrais;

b) Solar ou Jacob Boehme[4]: percebe a constituição espiritual da natureza e as forças ocultas do sol nela (enquanto Paracelso era capaz de manipular intelectualmente essas imagens solares percebidas);

c) Saturnino ou Swedenborg[5]: através de forças sutis ligadas a Saturno, percebe refletidas pela Terra no éter, como em um espelho, imagens oriundas do mundo espiritual.

Haveria, ainda, o caso específico da mediunidade, típico do Espiritismo, que Steiner aborda criticamente como uma maneira passiva e desaconselhável de conhecimento anímico-espiritual, estando sujeita a erros e confusões. Por exemplo, Steiner pondera que os "espíritos" com os quais os médiuns espíritas dizem se comunicar são, na realidade, apenas o reflexo astral de seres outrora vivos e que, no mundo astral, aparentam espíritos presentes (STEINER, 1987: 44-51).

Conclusão

A partir de seu amplo repertório cultural e de sua experiência espiritual pessoal, emolduradas sob uma visão evolucionista da história, Steiner procurou realizar uma síntese entre a tradição esotérica e o pensamento moderno, criando a Ciência do Espírito ou Antroposofia, ao contrário de alguns esoteristas contemporâneos que contrapuseram de forma irreconciliável as duas esferas. Isso se reflete também na sua visão acerca da iniciação sob as condições do mundo moderno, como algo fundamentalmente individual e livre.

À guisa de conclusão, mesmo que alguém discorde dos pressupostos ou dos resultados deste empreendimento efetuado por Steiner, não pode deixar de ficar impressionado com sua originalidade, grandeza e coerência interna.

4 Filósofo e místico alemão, 1575-1624.

5 Filósofo e místico sueco, 1688-1772.

Referências Bibliográficas

ARANTES, J. T. (2012). O jovem Steiner e o goetheanismo. Disponível In: https://josetadeuarantes.wordpress.com/2012/04/27/o-jovem-steiner-e-o-goethianismo/

CLOUD, R. (2017). The Truth identity of the Elder Brother of Rudolf Steiner revelead. Available at: https://pansophers.com/dem-m-revealed/

EVOLA, J. (1971). Limites de la regularidade iniciatica. Available at: https://pdfslide.net/documents/limites-de-la-regularidad-iniciatica-julius-evolapdf.html

RIFFARD, P. (1996). O Esoterismo: uma antologia. São Paulo: Mandarim.

STEINER, R. (1911). Esoteric christianity and the mission of Christian Rosenkreutz. Available at: https://rsarchive.org/Lectures/19110927p01.html

STEINER, R..(1919). Lucifer and Ahriman. Available at: https://rsarchive.org/Lectures/GA191/English/SBC1976/19191101p02.html

STEINER, R. (2008). A filosofia da liberdade: fundamentos para uma filosofia moderna. São Paulo: Ed. Antroposófica.

STEINER, R. (2011). A mística nos séculos XIII a XVII: e sua relação com a visão de mundo de nossa época atual. São Paulo: Ed. Antroposófica.

STEINER, R. (2004). Teosofia: Introdução ao conhecimento suprassensível do mundo e do destino humano. São Paulo: Ed. Antroposófica.

STEINER, R. (2007). O conhecimento dos mundos superiores. São Paulo: Ed. Antroposófica.

STEINER, R. (2006). Ciência Oculta: esboço de uma cosmovisão suprassensorial. São Paulo, Ed. Antroposófica.

STEINER, R. (2003). O Apocalipse de João. São Paulo: Ed. Antroposófica.

STEINER, R. (2007a). O evangelho de João: considerações esotéricas sobre suas relações com os demais Evangelhos. São Paulo: Ed. Antroposófica.

STEINER, R. (1996a). O evangelho de Lucas: considerações esotéricas sobre suas relações com o budismo. São Paulo: Ed. Antroposófica.

STEINER, R. (1997). O evangelho segundo Mateus: Considerações esotéricas sobre suas relações com os essênios. São Paulo: Antroposófica.

STEINER, R. (2007b). De Jesus a Cristo. São Paulo: Ed. Antroposófica.

STEINER, R. (1996b). O evangelho de Marcos: considerações esotéricas sobre o mistério do Gólgota. São Paulo: Ed. Antroposófica.

STEINER, R. (2007b). O quinto evangelho: da pesquisa akáshica. São Paulo: Ed. Antroposófica.

STEINER, R. (2008). Conhecimento iniciático. São Paulo: Ed. Antroposófica.

STEINER, R. (2016). Centros de mistérios da Idade Média. São Paulo: Ed. João de Barro.

STEINER, R. (2018). O Cristianismo como fato místico e os mistérios da Antiguidade. São Paulo: Antroposófica.

STEINER, R. (1966). Autobiographical Sketch (Documento de Barr), 1907, In: The Golden Blade, pp. 1-8.

WELBURN, A. (1991). As origens do cristianismo. São Paulo: Best-seller.

XII

A Escola Espiritual da Rosacruz Áurea

Adelmo Avancini e Cláudio Moraes

Retrato de Jan van Rijckenborgh

No final do século XIX e no início do século XX, o eco dos manifestos rosacruzes do século XVII ainda era ouvido, o que pode ser confirmado pelo grande número de grupos que se formaram sob sua inspiração. Eram tão variados os grupos e as abordagens que um leigo que analisasse o conjunto encontraria pouco em comum, além de uma palavra. Porém, apesar de suas diferenças, talvez seja possível dizer que, em todos, estavam presentes a angústia de perceber um mundo dessacralizado e a compreensão da necessidade de uma renovação espiritual.

Na Holanda do início dos anos 1920, um desses grupos começou a se organizar, tornando-se uma entidade autônoma em 1935, que se tornaria conhecida posteriormente como Escola Espiritual da Rosacruz Áurea. Esta escola teve como seus principais líderes e cofundadores os irmãos Jan Leene (1896-1968) e Zwier Wim Leene (Z. W. Leene) (1892-1938), e Hendrikje Stok-Huizer (1902-1990). Anos depois, Jan Leene e Hendrikje Stok-Huizer adotariam os "nomes espirituais" Jan van Rijckenborgh e Catharose de Petri.

A história desse grupo está diretamente conectada com a vida de seus fundadores e com as influências que moldaram sua visão de mundo. Por isso, abordaremos a história do movimento, mas ao mesmo tempo as principais influências sobre o pensamento dos fundadores, principalmente de Jan van Rijckenborgh.

A. H. De Hartog

Os irmãos Leene (Jan Leene e Z. W. Leene) receberam uma educação religiosa na Igreja Reformada holandesa. No entanto, em sua juventude, não encontraram satisfação nas doutrinas dessa igreja, apesar da forte impressão causada por um pastor "liberal", o teólogo holandês A. H. De Hartog (1869-1938) (HUIJS, 2015: 31).

Foi através de citações desse teólogo que eles entrariam em contato pela primeira vez com os textos do místico alemão Jacob Boehme (1575-1624), um contemporâneo da Rosacruz do século XVII (HUIJS, 2015: 32-48). Boehme, após passar por experiências místicas transformadoras, começou a colocar no papel sua percepção da realidade; de como, por detrás da realidade fenomênica, sete forças ou qualidades da Natureza agiam a partir da própria divindade, dando origem assim a tudo, dos domínios espirituais ao material (BOEHME, 1998). Por não se encaixar nos limites dogmáticos do luteranismo de seu tempo, Boehme foi muito perseguido em vida, mas deixou uma obra extensa, que exerceria grande influência sobre a mística cristã e a filosofia.

Foi a partir de De Hartog que os irmãos Leene confirmaram certas verdades internas, como a realidade da centelha espiritual que habita o coração de todo ser humano. Para De Hartog, *o ser humano pode conhecer a Deus, ansiar por ele e unir-se a ele, em e mediante seu poder, sua energia, que está no interior dos seres humanos* (HUIJS, 2015: 31). No entanto, os irmãos perceberam que De Hartog era uma exceção e que sua busca espiritual não encontraria respostas dentro dos muros da religião em que haviam sido criados.

Escolas Esotéricas

Helena Petrovna Blavatsky (HPB) (1831-1891) fundou, nos Estados Unidos, em 1875, a Sociedade Teosófica, com o Coronel Henry Olcott (1832-1907) e outros membros. Ela também começou a estruturar em 1890 a Seção Esotérica (CRANSTON, 1997: 404) dentro da Sociedade Teosófica, uma escola iniciática cujo núcleo central era constituído com apenas doze integrantes escolhidos por ela.

Rudolf Steiner (1861-1925) tinha sido dirigente da Seção Alemã da Sociedade Teosófica de 1902 a 1913, desligando-se dela posteriormente para fundar a Sociedade Antroposófica. Ele também procurou, por duas vezes, instituir sua "escola esotérica". A primeira vez, de 1904 a 1914, com a renovação da Seção Esotérica herdada de HPB. Os desafios ligados à Primeira Guerra Mundial impediram a continuidade desse primeiro trabalho a partir de 1914.

Com a "refundação" da Sociedade Antroposófica como Sociedade Antroposófica Geral, no Congresso de Natal ocorrido entre o final de 1923 e o início de 1924, Steiner fez uma nova tentativa, que se corporificou na Primeira Classe da Escola de Ciência do Espírito (KÜHL, JOHANNES; PLATO, BODO VON; ZIMMERMMANN, HEINZ; 2014: 24). Ele previa inicialmente que seriam ao todo três classes, mas o trabalho ficou inconcluso por causa da doença que o acometeu e acabou levando à sua morte em 30 de março de 1925.

A concepção de uma escola iniciática, em ligação com a organização externa, também seria implementada, anos depois, na "Escola Interna" e nos "Graus Interiores" da Escola Espiritual da Rosacruz Áurea. Além da inspiração das antigas escolas de mistério da Antiguidade, Jan van Rijckenborgh reconhecia que essa iniciativa também teve precursores nas escolas iniciáticas do final do século XIX e do início do século XX, particularmente nas fundadas por HPB e Rudolf Steiner.

Rosicrucian Fellowship

Outra influência fundamental no pensamento e na obra dos fundadores da Rosacruz Áurea foi Max Heindel (1865-1919). Em 1909, na Califórnia (EUA), Heindel fundou um dos grupos rosacruzes mais influentes do século XX, a *Rosicrucian Fellowship* (no Brasil, Fraternidade Rosacruz). Seu livro, "O Conceito Rosacruz do Cosmos" (HEINDEL, 1993), escrito pouco tempo antes, seria o texto fundamental de estudo do grupo.

Heindel, além de ter pertencido à Sociedade Teosófica, estivera na Alemanha algum tempo antes de fundar a *Rosicrucian Fellowship*, estudando com Rudolf Steiner, na época dirigente da Seção Alemã da Sociedade Teosófica (HEINDEL, 1993: 100). A primeira edição do livro de Heindel trazia inclusive uma dedicatória a Steiner: *Ao meu estimado amigo, Dr. RUDOLF STEINER, em grato reconhecimento, pelas valiosas informações recebidas*[1]. Porém, tendo sido acusado de plágio pelos antroposofistas, ele retirou a dedicatória na segunda edição, explicando os motivos.

Contudo, da mesma maneira que a maioria dos grupos rosacruzes da época, Heindel fazia pouca referência direta aos textos clássicos da Rosacruz do século XVII. Seu ensinamento era estritamente teosófico (no sentido dado ao termo pela Sociedade Teosófica), mas com o colorido ocidental e cristão que também pode ser visto na obra de Rudolf Steiner. Seu livro "O Conceito Rosacruz do Cosmos" é um grande compêndio, admirável pela concisão e abrangência, apresentando uma compreensão esotérica do ser humano, contemplando toda uma realidade sutil e espiritual de corpos invisíveis e princípios espirituais, e da natu-

1 HEINDEL, 1993: 109: "To my valued friend, DR. RUDOLF STEINER, in grateful recognition, of much valuable information received; and to my friend DR. ALMA VON BRANDIS, in heartfelt appreciation of the inestimable influence for soul-growth she has exercised in my life".

reza, incluindo os correspondentes domínios sutis e espirituais do cosmos.

Ao longo dos anos 1910 e 1920, mesmo após sua morte em 1919, o trabalho de Heindel se expandiu para outros países, incluindo a Holanda. Seria a esse ramo da *Rosicrucian Fellowship* – ramo este que seria conhecido num primeiro momento como *Rozekruisers Genootschap* (em português, Sociedade Rosacruz) – que os dois irmãos holandeses, Jan Leene e Wim Leene, se ligaram no ano de 1924.

O nascimento da "Sociedade Rosacruz" holandesa

Em maio de 1924, Jan e Wim Leene inscreveram-se em um curso dado por Agatha van Warendorp, aluna holandesa da *Rosicrucian Fellowship* (SMIT, 2001: 75). No dia 24 de agosto desse mesmo ano, foi confiada a eles uma tarefa espiritual, por isso consideraram essa data o início efetivo de seu trabalho (HUIJS, 2015: 261). Em 1926, na cidade de Harlem, próxima a Amsterdã, oficializou-se a formação do grupo de estudos que se tornaria um centro de estudos autônomo da *Rosicrucian Fellowship* em 1931 (SMIT, 2001: 75).

Devido ao crescimento do número de alunos, foi decidido criar uma editora, com uma livraria de venda por correspondência anexa, que ficou sob a condução dos irmãos Leene. Em 1927, iniciaram a publicação da revista mensal "*Het Rozekruis*" ("A Rosacruz") (SMIT, 2001: 75). Em 1930, Catharose de Petri se ligaria ao grupo, onde futuramente teria um papel central (HUIJS, 2015: 97).

No entanto, em meados dos anos 1930, ficou claro para os irmãos Leene que um trabalho novo e independente deveria surgir. Em primeiro lugar, porque perceberam que não seria possível inovar dentro das restrições do grupo original. Em segundo lugar, porque sua própria busca os levava além dos limites do pensamento do grupo. Aprofundando-se no estudo dos manifestos rosacruzes do século XVII, por exemplo, eles perceberam que era necessário recuperar esse fio de ouro em sua pureza original (HUIJS, 2015: 104).

A revista *Het Rozekruis* publicou, entre 1933 e 1935, traduções holandesas de trechos dos dois primeiros manifestos rosacruzes, a *Fama Fraternitatis R.C. (Fama Fraternitatis)* e a *Confessio Fraternitatis R.C. (Confessio Fraternitatis)*. Em 1937, os textos completos seriam republicados como livros, juntamente com *Núpcias Químicas de Christiani Rosencreutz Ano 1459 (Núpcias Alquímicas)*, numa edição intitulada "O Testamento Espiritual da Ordem da Rosacruz". Em 1939, Jan van Rijckenborgh lançaria uma nova edição da *Fama* (RIJCKENBORGH, 2004), com uma extensa análise esotérica do texto. Posteriormente, seus comentários à *Confessio Fraternitatis* (RIJCKENBORGH, 2017) e às *Núpcias Alquímicas* (RIJCKENBORGH,1993; 1996) também seriam publicados (SMIT, 2001: 78-79).

Na *Fama Fraternitatis*, os irmãos Leene encontraram a base de trabalho que buscavam no *Contrato Sêxtuplo da Rosacruz*. Com esse protótipo em mente, a Sociedade Rosacruz holandesa nasceu como uma instituição independente em 1935 (HUIJS, 2015: 115).

Surgia assim a concepção de uma comunidade espiritual que, recuperando o fio de ouro das fraternidades do passado – a última dos quais sendo o pequeno grupo do século XVII responsável pelos manifestos rosacruzes – pudesse se estruturar como uma escola iniciática.

Em 1938, Z.W. Leene viria a falecer, deixando a liderança para seu irmão mais novo, mais conhecido até então como o pensador e escritor do grupo (HUIJS, 2015: 123-124). Nesse novo papel, Jan van Rijckenborgh contou com o apoio de vários outros pioneiros, entre os quais se destacam Cor Damme e Catharose de Petri.

Em 10 de maio de 1940, a Alemanha nazista invadiu a Holanda. A Holanda capitulou após cinco dias. Logo todos os movimentos esotéricos, inclusive a Sociedade Rosacruz, seriam proibidos (HUIJS, 2015: 179). Apesar de todas as dificuldades, o trabalho não teve nenhuma descontinuidade, pois foi mantido na clandestinidade (HUIJS, 2015: 181-183).

Durante esse período, Jan van Rijckenborgh fez um estudo aprofundado do primeiro livro de Jacob Boehme, *A Aurora Nascente*. Além disso, começou a estudar o *Corpus Hermeticum*, o maniqueísmo e o catarismo.

Lectorium Rosicrucianum, Escola Espiritual da Rosacruz Áurea

Na retomada das atividades abertas, após a Segunda Guerra Mundial, toda uma nova concepção filosófica e organizatória, gestada no período da Guerra, foi apresentada. No livro *Dei Gloria Intacta – O Mistério Iniciático Cristão* (RIJCKENBORGH, 2003), um novo caminho de transformação interior foi descrito. Já não seria possível seguir os antigos caminhos iniciáticos da divisão e do cultivo da personalidade, pois um novo método iniciático se apresentava, adequado à consciência do ser humano atual: o método transfigurístico, de transmutação da personalidade.

Desde o período da Guerra, Jan Leene começou a enviar cartas aos membros do grupo assinadas como "Cartas de Van Rijckenborgh" (HUIJS, 2015: 192). A partir do final da Guerra, ele passaria a publicar todas as suas obras utilizando o nome Jan van

Rijckenborgh. O grupo passou a se apresentar como *Lectorium Rosicrucianum* (HUIJS, 2015: 197), Escola Espiritual da Rosacruz Áurea. O *Lectorium Rosicrucianum* seria identificado com a estrutura mais externa da organização e a Escola Espiritual da Rosacruz Áurea, com a mais interna.

Iniciação e a Escola de Consciência Superior

Apesar da utilização da palavra "iniciação", Jan van Rijckenborgh alertava que isso não significava simplesmente um retorno a antigas formas e métodos iniciáticos, mas sim um novo caminho de autoiniciação, adequado ao ser humano dos dias atuais (RIJCKENBORGH; PETRI; 2012: 89-90)

Na busca de uma visão de um processo iniciático contemporâneo, Catharose de Petri teve um papel primordial (HUIJS, 2015: 328). Numa viagem que um grupo de alunos fez ao sul da França, na região onde o catarismo florescera no final da Idade Média, Jan van Rijckenborgh e Catharose de Petri sentiram-se inspirados a iniciar um novo trabalho com o grupo, a Escola de Consciência Superior, nos moldes das antigas escolas de mistérios.

Nascia, assim, o chamado Terceiro Aspecto da Escola, a Escola de Consciência Superior, o primeiro degrau da escola iniciática propriamente dita, a Escola Interna, que se somava aos aspectos mais externos já consolidados, em parte herança da *Rosicrucian Fellowship*.

Antonin Gadal

Após um primeiro encontro de um jovem aluno da Rosacruz Áurea (J.C. Karres) com Antonin Gadal (1877-1962) em 1951, no sul da França, foi iniciada uma correspondência com Jan van Rijckenborgh e Catharose de Petri, que daria origem, em 1954, a um primeiro encontro pessoal entre Gadal e os dois líderes da Rosacruz Áurea (GADAL, 2017: 41-44).

Gadal nascera e fora criado na região do Sabarthez, no sul da França, onde o catarismo florescera no final da Idade Média, e sentia uma profunda conexão com esse grupo desde sua juventude, quando seu vizinho Adolphe Garrigou, já idoso, falava com entusiasmo sobre a história de sua região (HUIJS, 1989: 301).

Adolphe Garrigou (1802-1897) nascera em 1802 em Tarascon e ingressara em 1819 na sociedade secreta dos Carbonários (CIRE, MICHEL et al.; 2013: 283), que acreditava ter conexão com o catarismo, tendo até recebido um legado que remontava aos cátaros. Tendo sido membro correspondente da Academia das Ciências francesa, ele dedicou-se ao estudo da Pré-história e da História do Sabarthez, particularmente em relação aos cátaros (HUIJS, 1989: 300).

Garrigou empreendeu escavações na caverna de Lombrives em 1822, trazendo à luz crânios e vários ossos dispostos em círculo. Dedicou-se também à exploração das *spoulgas* (cavernas fortificadas) de Ussat, Ornolac e Bouan, procurando mostrar que as montanhas do Sabarthez serviram de refúgio aos cátaros (HUIJS, 1989: 302).

Antonin Gadal, nascido em 1877, também em Tarascon, foi vizinho de Adolphe Garrigou. Gadal contou que, na juventude, tornou-se ledor e secretário particular de Garrigou, que transmitiu ao jovem parte de suas descobertas sobre a história de sua região, e mais particularmente de tudo referente ao catarismo. Não seria, porém, apenas conhecimento no sentido comum, mas também um conhecimento interior (CIRE, MICHEL et al.; 2013: 285).

Gadal, apesar de simples professor de escola primária, influenciou muitos esoteristas e pesquisadores da história cátara de sua época. Ele manteve contato pessoal e correspondência com vários personagens de sua época, entre os quais Maurice Magre (1877-1941), Otto Rahn (1804-1939) (que posteriormente distorceria suas ideias, após se converter ao nazifascismo), Deodat Roché (1877-1978), René Nelli (1906-1982) e Walter Birks, para citar apenas alguns. Parte dessa correspondência está disponível atualmente na *Bibliotheca Philosophica Hermetica*, em Amsterdã (HUIJS, 1989: 305).

Muitos o visitaram e caminharam com ele pelas cavernas do Sabarthez, onde amava falar sobre o papel iniciático das cavernas, o que aprendera com seu mestre Garrigou (GADAL, 2017: 43). Manteve também contatos com o esoterista búlgaro Peter Deunov (1864-1944), a respeito de quem escreveria em 1940: *Estou em contato com um mestre em Sofia [Bulgária] e com seu representante francês em Paris. Peter Deunov, um verdadeiro iniciado, fundador da Fraternidade Branca. Há em Paris um centro deles. Eles buscam uma alta moralidade e um objetivo bem definido* (HUIJS, 1989: 306).

Gadal nunca abdicou de suas convicções intuitivas (CIRE, MICHEL et al.; 2013: 48), mesmo que a pesquisa acadêmica convencional tenha desmerecido seu trabalho, questionando possíveis conexões entre o catarismo e as cavernas do Sabarthez ou a ligação entre os cátaros e as lendas do Graal, que ele também defendia (GADAL, 2004). Ele considerava, da mesma forma que Adolphe Garrigou, que as lendas populares que ainda circulavam em sua época (CIRE, MICHEL et al.; 2013: 67) eram evidências que também deveriam ser levadas em conta na pesquisa histórica, uma vez que grande parte das fontes diretas do catarismo tinham sido destruídas pela Igreja.

Em 16 de março de 1944, quando 700 anos exatos tinham se passado desde o assassinato dos cátaros aos pés do Montségur, ainda em meio à Segunda Guerra Mundial, Gadal subiu com seis amigos, entre os quais Maurice Magre, Alain Hubert-Bonnal e Joseph Delteil (HUIJS, 1989: 316), até o local da última fortaleza cátara para relembrar aquela data fatídica, quando, segundo a tradição local, um trovador teria profetizado: *Após 700 anos, o loureiro reverdecerá sobre a sombra dos mártires.* Neste mesmo dia, Gadal plantaria ramos de loureiro no local (HUIJS, 1989: 315).

Gadal buscou, durante grande parte de sua vida, pessoas ou grupos com quem pudesse compartilhar o que recebeu de seu mestre Garrigou (HUIJS, 1989: 304-305). Seu encontro com Jan van Rijckenborgh e Catharose de Petri levou a um reconhecimento mútuo, que seria selado através de um singelo monumento erigido no vale do Ariége em 5 de maio de 1957 (CIRE, MICHEL et al.; 2013: 67), dedicado à Tríplice Aliança da Luz: Graal, Cátaros e Cruz com Rosas (GADAL, 2017: 89-92). Na visão de Gadal, compartilhada com seus dois irmãos espirituais, essa trindade dizia respeito ao templo tríplice humano: a Rosacruz, como templo do pensamento e da ciência; o Catarismo, como templo da emoção e da mística, e o Graal, como templo da ação e da arte (PETRI, 2005: 79-82).

Expansão externa e interna da Escola

Em paralelo com esses acontecimentos, o trabalho da Escola Espiritual da Rosacruz Áurea se expandia (HUIJS, 2015: 369-370) para vários países europeus e para outros locais, como o Brasil, onde já havia um grupo de alunos organizado nos anos 1950.

O trabalho também se expandia interiormente, através de novos discipulados. A Escola de Consciência Superior, o Terceiro Aspecto, avançou para a Comunidade da Ecclesia, o Quarto Aspecto, completando então os discipulados de Escola Interna. Posteriormente, abriram-se também os discipulados dos Graus Interiores: a Cabeça Áurea, ou Quinto Aspecto, e o Conselho dos Anciãos, ou Sexto Aspecto (HUIJS, 2015: 279-280).

Essa construção interior da Escola foi percebida como uma escada vibratória que possibilitaria uma elevação gradativa da consciência egocêntrica ligada à matéria até a consciência espiritual.

A Corrente de Fraternidades e o Ensinamento Universal

Além do nome oficial de Escola Espiritual da Rosacruz Áurea, Jan van Rijckenborgh, em suas alocuções aos alunos, muitas vezes a denominava de "Jovem Fraternidade Gnóstica" (HUIJS, 2015: 267). Muitas vezes ele procurou desvendar os textos do cristianismo gnóstico conhecidos em sua época, como o Evangelho Pistis Sophia (RIJCKENBORGH, 2012), porém sua concepção de "Gnosis" (ou Gnose, em português) não se restringia a eles.

De fato, ele também tinha uma concepção de "Filosofia Perene", mas muito particular, falando ora de "Doutrina Universal", ora de "Sabedoria Universal", mas sempre relacionando esses conceitos ao de "Corrente de Fraternidades", pois acreditava que muitos grupos ao longo da História se elevaram como coletividade a um estado de consciência de unidade espiritual e que, nessa unidade, constituiriam a "Corrente de Fraternidades" – que, em sua unidade, pode ser vista como uma "Fraternidade

Universal" (HUIJS, 2015: 226), à qual todos se elevam quando alcançam a mesma consciência una.

Entre outros, ele reconhecia como grupos ligados à Fraternidade Universal os próprios rosacruzes clássicos do século XVII, os cátaros, os bogomilos, os maniqueus, os cristãos gnósticos, os hermetistas, a escola platônica, a escola pitagórica, as antigas escolas de mistério e as linhas mais puras do zoroastrismo, do taoísmo, do hinduísmo e do budismo. De fato, ele considerava que a sabedoria tinha se manifestado a todos os povos em todas as épocas.

Jan van Rijckenborgh continuou, até o final de sua vida, sua pesquisa dos textos de sabedoria de todos os tempos, transmitindo a seus alunos sua compreensão desses textos. Grande parte das conferências que realizou para seus alunos sobre esses assuntos foi publicada posteriormente em livros (HUIJS, 2015: 349).

Catharose de Petri foi também autora de vários livros, que ainda estão em catálogo. Sua obra contém vários comentários a textos da sabedoria universal, tendo predileção pelo Evangelho de João e por trechos do ensinamento taoísta e budista. Ela também escreveu livros em colaboração com Jan van Rijckenborgh, como os comentários ao Tao Te King (ou Dao De Jing) (RIJCKENBORGH; PETRI; 2006). Além disso, deixou muitos rituais escritos, alguns dos quais foram publicados para seus alunos. Após o falecimento de Jan van Rijckenborgh em 1968, Catharose de Petri assumiu a condução do grupo, em conjunto com a direção espiritual que instituiu, até sua morte em 1990.

Quando ela faleceu, a direção espiritual, composta de 13 integrantes na época, assumiu a condução da Escola, estruturando-se com base na regionalização do trabalho nas várias regiões do planeta. Atualmente, há sete regiões, abrangendo cerca de 70 países, entre as quais a Região 5, o Brasil.

Iniciou-se, também nas últimas décadas, o trabalho dos institutos e fundações culturais ligados à Rosacruz Áurea, como é o caso do Instituto Cultural Civitas Solis[2], no Brasil.

Conclusão

A base do trabalho inicial da Escola Espiritual da Rosacruz Áurea foi o esoterismo de seu tempo, no qual é possível destacar as obras de HPB, Rudolf Steiner e Max Heindel. Houve também a tentativa continuada de buscar as fontes do ensinamento universal de todos os tempos, procurando torná-lo acessível à compreensão do ser humano contemporâneo.

Em seus quase 100 anos de trabalho, à medida que se expandia para vários países do mundo, a Escola também se expandia interiormente, dos seus aspectos externos até os mais internos, à imagem de um arquétipo espiritual, constituindo finalmente a Escola Externa, a Escola Interna e os Graus Interiores.

Atualmente a Escola da Rosacruz Áurea tem sedes em vários países da Europa, África, Américas do Norte e do Sul, e Oceania, além de alunos em outras partes do mundo. Tem uma presença intensa na Internet, onde realiza palestras virtuais, oferece cursos e, através de fundações e institutos ligados a ela, estimula pesquisas em áreas como estudos do esoterismo e religião comparada. Em português, grande parte de sua literatura e palestras online está disponível gratuitamente no site da Editora Pentagrama[3].

---

2 www.civitassolis.org.br

3 www.pentagrama.org.br

Referências Bibliográficas

BOEHME, J. (1998). A Aurora Nascente. Trad. Américo Sommerman. São Paulo: Paulus.

CRANSTON, S. (2017). Helena Blavatsky: A Vida e a Influência da Fundadora do Movimento Teosófico Moderno. Brasília: Teosófica.

GADAL, A. (2017). O Triunfo da Gnosis Universal. Jarinu: Pentagrama Publicações.

GADAL, A. (2004). No Caminho do Santo Graal. Jarinu: Rosacruz.

HEINDEL, M. (1993). Conceito Rosacruz do Cosmos. São Paulo: Fraternidade Rosacruz.

HUIJS, P. (2015). Chamados pelo Coração do Mundo. Jarinu: Pentagrama Publicações.

HUIJS, P. (1989). Rays of Light Past and Present. Haarlem: Rozekruis Pers.

PETRI, C. (2005). O Verbo Vivente. Jarinu: Rosacruz.

RIJCKENBORGH, J. V. (2004). O Chamado da Fraternidade da Rosacruz. Jarinu: Rosacruz.

RIJCKENBORGH, J. V.. (2017). A Confessio da Fraternidade da Rosacruz. Jarinu: Pentagrama Publicações.

RIJCKENBORGH, J. V. (1993). As Núpcias Alquímicas de Christian Rosenkreuz Tomos I e II. Haarlem: Rozekruis Pers.

RIJCKENBORGH, J. V. (2003). O Mistério Iniciático Cristão. Jarinu: Rosacruz.

RIJCKENBORGH, J. V. (2012). Os Mistérios Gnósticos da Pistis Sophia. Jarinu: Lectorium Rosicrucianum.

RIJCKENBORGH, J. V. e PETRI, C. (2012). A Senda Libertadora da Rosacruz. Jarinu: Lectorium Rosicrucianum.

RIJCKENBORGH, J. V. e PETRI, C. (2006). A Gnosis Chinesa. Jarinu: Rosacruz.

SMIT, F. (2001) La LLamada de la Rosacruz: Cuatro Siglos de Tradición Viva. Haarlem: Rozenkruis Pers.

WESTENBERG, G. (2014). Max Heindel e a Fraternidade Rosacruz. Campinas: Fraternidade Rosacruz.

CIRE, M. et al. (2013). Sabarthez: Cuna de la Humanidad / Uma Tradición Viva. Fundación Rosacruz.

KÜHL, J.; PLATO, B. V.; ZIMMERMMANN, H. (2014). A Escola da Ciência Espiritual. São Paulo: Antroposófica.

Impressão e Acabamento:
EXPRESSÃO & ARTE
EDITORA E GRÁFICA
www.graficaexpressaoearte.com.br